TRUMP
Wie man reich wird

Donald J. Trump
und Meredith McIver

DONALD

J. TRUMP

TRUMP

Wie man reich wird

Donald J. Trump
und Meredith McIver

FinanzBuch Verlag

Bibliografische Information der Deutschen Bibliothek:
Die Deutsche Bibliothek verzeichnet diese Publikation in der Deutschen Nationalbibliografie; detaillierte bibliografische Daten sind im Internet über **http://dnb.ddb.de** abrufbar.

Die amerikanische Originalausgabe erschien 2004 unter dem Titel *Trump: How to Get Rich* bei Random House, New York

Gesamtbearbeitung: Stephanie Villiger
Übersetzung: Horst Fugger
Lektorat: Rainer Weber
Druck: Druckerei Joh. Walch, Augsburg

1. Auflage 2004
© 2004 FinanzBuch Verlag GmbH
Frundsbergstraße 23
80634 München
Tel.: 089 651285-0
Fax: 089 652096

Den Autor erreichen Sie unter:
trump@finanzbuchverlag.de

ISBN 3-89879-080-0

Für meine Eltern, Mary und Fred Trump

Die Mutter aller guten Ratschläge

„Vertraue auf Gott und bleibe dir selbst treu."
– Mary Trump, meine Mutter

Wenn ich auf mein Leben zurückblicke, dann war das ein großartiger Rat; kurz und knapp und voller Lebensweisheit. Zunächst verstand ich ihn nicht, aber er hörte sich gut an, und so befolgte ich ihn. Erst viel später bemerkte ich, dass er alles Nötige enthielt. Man muss einen Ankerpunkt in sich selbst haben, wenn man über die wirklich wichtigen Dinge nachdenkt. Es ist ein guter Rat, welchen Beruf man auch ausüben und welches Leben man auch führen mag.
– DJT

Inhalt

Einführung

Fünf Milliarden Gründe, warum Sie dieses Buch lesen sollten

Seit 1987 ist viel geschehen. In diesem Jahr erschien mein Buch *The Art of the Deal* (Titel der deutschen Ausgabe: *Trump. Die Kunst des Erfolges*) und wurde mit einer Auflage von mehr als drei Millionen Exemplaren zum erfolgreichsten Business-Buch des Jahrzehnts.

(Geschäftsregel # 1: Erzählen Sie den Leuten, wie erfolgreich Sie sind. Sonst werden sie es wahrscheinlich nie erfahren).

Vor einigen Monaten habe ich *The Art of the Deal* noch einmal zur Hand genommen, ein wenig darin geblättert und dann den ersten und den letzten Absatz gelesen. Auch nach 17 Jahren stimmen sie immer noch; es war, als hätte ich diese Worte erst gestern geschrieben:

Erster Absatz: *Es ist nicht das Geld, das mich reizt. Ich habe genug Geld; mehr als ich je brauchen werde. Ich mache Geschäfte um ihrer selbst willen. Geschäfte sind meine Kunstform. Andere Menschen malen schöne Bilder oder schreiben wundervolle Gedichte. Ich liebe es, Geschäfte abzuschließen, vor allem große Geschäfte. Sie sind die Würze meines Lebens.*

Letzter Absatz: *Verstehen Sie mich nicht falsch: Ich werde auch weiterhin Geschäfte machen. Große Geschäfte. Und zwar rund um die Uhr.*

Jetzt schreiben wir das Jahr 2004, ich mache immer noch rund um die Uhr Geschäfte, und noch immer ist es nicht das Geld, das mich dabei reizt.

Man sollte Dinge auch nicht des Geldes wegen tun. Geld ist kein Selbstzweck, aber manchmal ist es das wirksamste Hilfsmittel, um unsere Träume Wirklichkeit werden zu lassen. Wenn Sie also große Träume haben und nach einer Möglichkeit suchen, sie zu verwirklichen, dann ist dieses Buch das richtige für Sie.

Ich habe mich für den Buchtitel *Wie man reicht wird* entschieden, denn genau das ist es, was die Leute gewöhnlich von mir wissen wollen. Die Frage, wie man Brot backt, wird am besten von einem Bäcker beantwortet; die Frage, wie man Geld macht, am besten von einem Milliardär.

Es gibt natürlich viele Bücher über dieses Thema, die von Millionären geschrieben worden sind. Bücher von Milliardären sind da schon weitaus seltener. Noch rarer sind Bücher von Milliardären, die in den Branchen Immobilien, Spielcasinos, Sport und Unterhaltung tätig sind.

Und Bücher von Milliardären, die in Manhattan eigene Wolkenkratzer besitzen und zur besten Sendezeit in TV-Serien auftauchen, sind die seltensten von allen. Ich bin mir ziemlich sicher, dass ich der einzige bin – obwohl Oprah Winfrey eine ernste Konkurrenz für mich sein könnte, sollte sie je ein Buch schreiben und ins Immobiliengeschäft einsteigen.

Geschäftsregel # 2: Drücke dich kurz, schnell und direkt aus. Die folgenden Seiten entsprechen dieser Regel, aber lassen Sie sich durch die Kürze und Prägnanz dieser Passagen nicht täuschen: Sie werden profunde Ratschläge darin finden. Diese Erzählungen und Weisheiten sind das Destillat aus fast 30 Jahren an der Spitze.

Hier sind sie also: Donalds Erfolgsgeheimnisse. Vergessen Sie nicht, mir ein Dankschreiben zu schicken, wenn Sie Ihre erste Milliarde gemacht haben. Die Adresse kennen Sie ja.

Geschäftsregel #3: Fangen Sie in jungen Jahren an zu arbeiten. Ich habe es getan.

TEIL 1

Teil 1

Donald Trumps Business- und Management-Akademie

In ***THE ART OF THE DEAL*** *habe ich Theodore Dobias erwähnt, meinen Lehrmeister an der New York Military Academy – und damals wohl auch meine gerechte Strafe. Er steht hier zu meiner Linken. Zu meiner Rechten steht Generalmajor John Brugmann.*

Seien Sie ein General

Ich bin Vorsitzender und Präsident der Trump Organization. Ich sage das gern, denn es bedeutet mir viel. Dieser Organisation gehören derzeit fast 20 000 Mitglieder an. Ich habe einmal eine Zeitungsannonce aufgegeben, in der ich erklärte: „Ich arbeite nur mit den Besten." Diese Aussage gilt noch immer.

Mehr und mehr erkenne ich die Gemeinsamkeiten zwischen einem Unternehmensführer und einem General. Man trägt ein hohes Maß an Verantwortung; nicht nur für sich selbst, sondern auch für seine Truppe. Das Leben der Angestellten hängt in hohem Maß vom Unternehmenschef und seinen Entscheidungen ab. Eine schlechte Strategie kann vielen Menschen schaden. An diesem Punkt gewinnt Führerschaft eine neue Dimension. Jede Entscheidung, die man trifft, ist wichtig, ob man nun 20 000 Angestellte hat oder nur einen.

Management wird viel einfacher, wenn man bei der Auswahl seiner Angestellten äußerst sorgfältig vorgeht. Ich verlasse mich auf einige wenige Schlüsselpersonen, die mich auf dem Laufenden halten. Sie wissen, dass ich ihnen vertraue, und sie tun alles dafür, dieses Vertrauen zu rechtfertigen.

Wenn ich zum Beispiel bestimmte Informationen über meine Casinos und Hotels in Atlantic City benötige, dann weiß ich, dass ich nur meinen CEO Mark Brown anzurufen brauche, um eine schnelle und umfassende Antwort zu bekommen. Wenn ich Laura Cordovano in der Trump Park Avenue anrufe und sie nach den Umsätzen frage, wird sie mir die genauen Daten nennen. Wenn ich meinen Finanzvorstand Allen Weisselberg anrufe, sagt er mir in höchstens 20 Worten, was ich wissen muss. Mein langjähriger Anwalt und Berater George Ross schafft das sogar in höchstens zehn Worten. Finden Sie

Mitarbeiter, die zu Ihrem Geschäftsstil passen, und sie ersparen sich im Lauf der Zeit eine Menge Probleme.

Gutes Management und gute Mitarbeiter sind nicht voneinander zu trennen. Wenn die Zusammenarbeit nicht funktioniert, wird sie nicht lange dauern. Ich habe gesehen, wie sich gute Manager mit mittelmäßigen Angestellten abplagen mussten, und ich habe auch schon erlebt, dass exzellente Mitarbeiter durch schlechtes Management gebremst wurden. In solchen Fällen gehen zunächst die guten Manager, dann die guten Mitarbeiter, und am Ende hat man ein Team aus Leuten, die nur deshalb gut miteinander auskommen, weil sie alle mittelmäßig sind. Engagieren Sie die besten Leute, die Sie finden können, und Sie werden eine Menge Zeit sparen. In manchen Fällen muss man dabei die richtige Einstellung höher bewerten als Berufserfahrung und Referenzen. Wenn Sie hier eine gute Mischung erreichen wollen, ist Ihre Kreativität gefordert.

Kreative Menschen braucht man selten zu motivieren – sie haben einen inneren Antrieb, der sich gegen Langeweile und Routine wehrt. Selbstzufriedenheit hat in ihrem Leben keinen Platz. Sie stehen ständig unter Spannung, und genau das braucht man, um erfolgreich zu sein und es auch zu bleiben.

Ich hatte einmal einen Angestellten, der für ein neues Projekt verantwortlich war. Er hatte eine sorgfältige und akzeptable Arbeit abgeliefert, aber ich hatte trotzdem das Gefühl, dass da etwas fehlte. Seine Arbeit war nicht *fantastisch*, obwohl sie es hätte sein können und sollen, denn ich kannte die Fähigkeiten dieses Mannes. Ich beschloss also, sein kreatives Ego herauszufordern, indem ich ihm sagte, seine Arbeit sei ganz gut, es fehle ihr aber an Inspiration. Höflich fragte ich ihn, ob er sich denn wirklich für dieses Projekt interessiere und ließ dabei durchblicken, genau dieser Punkt könnte vielleicht das Problem sein.

Fast wäre er auf mich losgegangen. Er war tief verletzt.

Sie ahnen es schon: Er überarbeitete seinen Bericht und lieferte schließlich eine brillante Arbeit ab. Der Unterschied zwischen dem ersten Entwurf und der zweiten Version war unglaublich.

Ich habe diesen Mitarbeiter nie wirklich hart angepackt, denn in der Regel stellte er hohe Ansprüche an sich und hatte mich nie im Stich gelassen. Aber in diesem Fall musste ich ihm einen kleinen Dämpfer verpassen.

Generäle motivieren ihre Soldaten, inspirieren sie, wenn es notwendig ist. Und sie tun das auch bei ihren ranghöchsten Offizieren. Wir alle brauchen von Zeit zu Zeit einen kleinen Anstoß. Lernen Sie, Ihre Methoden auf die konkrete Persönlichkeit der Leute abzustimmen, die Sie managen.

Behalten Sie das große Bild im Auge, während Sie sich um die täglichen Details kümmern. Manchmal ist das eine Art Balanceakt, aber zur erfolgreichen Unternehmensführung ist es unerlässlich.

Bleiben Sie am Ball

In den 80er Jahren hatte ich enormen Erfolg. Nachdem ich die Grundlagen des Baugeschäfts von meinem Vater Fred, einem Bauunternehmer in Queens und Brooklyn, gelernt hatte, war ich zu einem der Hauptakteure auf dem Immobilienmarkt in Manhattan geworden. Ich hatte den Trump Tower, das Grand Hyatt Hotel und viele andere Gebäude der obersten Preisklasse fertig gestellt. Ich besaß eine Yacht, einen Privatjet und hatte einen Bestseller geschrieben.

Ein Magazin erschien mit der Titelteile: WAS ER ANFASST, WIRD ZU GOLD – und ich glaubte es. Ich war noch nie auf wirkliche Probleme gestoßen, war ohne Umwege von der Universität zum Reichtum vorgedrungen. Sogar wenn die Immobilienpreise fielen, verdiente ich viel Geld, weil ich dann günstig kaufen konnte. Ich begann zu glauben, alles sei ganz einfach.

In den späten 80er Jahren verlor ich meine Fokussierung. Ich flog nach Europa, um an Modepräsentationen teilzunehmen, und schaute mir noch nicht einmal die Kleider an. Mein Mangel an Konzentration auf das Wesentliche brachte mein Geschäft in höchste Gefahr.

Dann kam es zum Crash auf dem Immobilienmarkt. Ich hatte viele Milliarden Dollar Schulden – 9,2 Milliarden, um genau zu sein. Das sind neun Milliarden und zweihundert Millionen Dollar. Ich habe diese Geschichte zwar schon oft erzählt, aber sie ist es wert, noch einmal erzählt zu werden: Als der Crash am schlimmsten war, ging ich auf der Straße an einem Bettler vorbei, und mir kam der Gedanke, dass ich um 9,2 Milliarden Dollar weniger besaß als er. Viele meiner Freunde gingen pleite, und man hörte nie wieder etwas von ihnen.

Für die Medien waren meine Probleme ein gefundenes Fressen. *Forbes, Business Week, Fortune*, das *Wall Street Journal*, die *New York Times* – alle veröffentlichten ausführliche Artikel über meine Krise – und viele Leute schienen sich darüber zu freuen.

Meinen schlimmsten Moment werde ich nie vergessen. Um drei Uhr morgens rief mich die Citibank in meiner Wohnung im Trump Tower an. Ich sollte sofort in ihr Büro kommen, um mit drei ausländischen Banken neue Bedingungen auszuhandeln – drei von den neunundneunzig Banken, denen ich Milliarden schuldete.

Es ist nicht leicht, einem Banker erklären zu müssen, dass man keine Zinsen zahlen kann. Sie tendieren dazu, solche Worte nicht gern zu hören.

Einer meiner Verbündeten bei der Citibank meinte, in dieser schwierigen Situation wäre es das Beste für mich, die Banken selbst anzurufen. Und genau das verlangte man jetzt von mir; um drei Uhr bei Eisregen in einer kalten Januarnacht. Ein Taxi war nicht zu bekommen, also ging ich zu Fuß die 15 Straßenblöcke bis zur Citibank. Als ich dort ankam, war ich völlig durchnässt.

Das war der Tiefpunkt. Da saßen 30 Banker um einen großen Tisch versammelt. Ich rief einen japanischen Banker an, dann einen österreichischen und noch einen dritten aus einem Land, an das ich mich nicht mehr erinnere.

In *The Art of The Deal* hatte ich meine Leser gewarnt, niemals persönlich für Schulden zu haften. Ich hatte meinen eigenen Ratschlag nicht befolgt. Für eine Milliarde von den 9,2 Milliarden Dollar haftete ich persönlich. Ich war ein Trottel, aber ein Trottel mit Glück, denn es gelang mir, mit einigen verständnisvollen Bankern einen fairen Deal auszuhandeln. Nachdem ich der König der 80er gewesen war, überlebte ich die frühen 90er, und Mitte der 90er Jahre blühten meine Geschäfte wieder auf.

Aber ich habe meine Lektion gelernt. Ich arbeite heute noch ebenso hart wie in den 70er Jahren, als ich gerade erst im Immobiliengeschäft begonnen hatte.

Machen Sie nicht den gleichen Fehler wie ich. Bleiben Sie am Ball.

Halten Sie Ihr Momentum aufrecht

William Levitt, der geniale Erbauer von Levittown, lehrte mich die wahre Bedeutung des Wortes „Momentum" zu verstehen.

In den 50er Jahren war er ein König. Er kümmerte sich um das kleinste Detail. Höchstpersönlich sammelte er auf Baustellen herumliegende Nägel und Holzstücke auf, um sicherzustellen, dass seine Arbeiter keine Baumaterialien verschwendeten.

1956 verkaufte er seine Firma an ITT für 100 Millionen Dollar, was in heutiger Kaufkraft einigen Milliarden entspricht. Und dann beging er einige schreckliche Fehler.

Er ging in den Ruhestand.

Er heiratete die falsche Frau.

Er zog nach Südfrankreich und lebte mit seiner neuen Yacht und seiner neuen Frau an der Riviera.

Eines Tages rief ITT an. Das Management dieses Mischkonzerns verstand nichts von der Wohnungsbaubranche. Sie hatten riesige Baugrundstücke gekauft, und jetzt wussten sie nicht, wie sie diese unterteilen sollten. Daher verkauften sie Levitts Firma zurück an Levitt, der glaubte, damit ein großartiges Geschäft gemacht zu haben.

Er stürzte sich wieder in die Arbeit. Und am Ende war er pleite.

Ich sah William Levitt 1994 bei einer Cocktailparty, zwei Wochen vor seinem Tod. Er stand allein in einer Ecke und sah niedergeschlagen aus. Ich kannte ihn nicht besonders gut, aber ich ging zu ihm, weil ich hoffte, vom Meister einige weise Ratschläge zu bekommen. „Mister Levitt", sagte ich, „wie geht es Ihnen?"

„Nicht gut, Donald, nicht gut." Und dann sagte er die Worte, die ich niemals vergessen werde: „Ich habe mein Momentum verloren. Ich habe die Welt für 20 Jahre verlassen, und als ich zurückkam, war sie nicht mehr die gleiche."

Wie perfekt Sie auch sein mögen und wie gut Sie Ihr Geschäft auch zu kennen glauben – bleiben Sie wachsam, was die Einzelheiten Ihres geschäftlichen Umfelds betrifft. Erfahrung und Geschick reichen nicht. Selbst die besten Chirurgen bilden sich regelmäßig weiter, weil sie die neuesten Forschungsergebnisse und Behandlungsmethoden kennen müssen.

Was auch immer Sie managen, glauben Sie nicht, dass Sie sich diese Mühe sparen können. Wenn Sie Ihr Momentum aufrecht erhalten wollen, müssen Sie ständig daran arbeiten.

Meine treue Assistentin Norma Foerderer

Engagieren Sie eine großartige Assistentin

Umgeben Sie sich mit Menschen, denen Sie vertrauen können. Es heißt zwar oft, es sei gut, paranoid zu sein, aber das gilt nicht für Ihren engsten Mitarbeiterkreis.

Bitten Sie Gott um eine großartige Assistentin. Das ist kein Scherz. Eine tolle Assistentin kann Ihr Leben viel einfacher machen, oder, in meinem Fall, beinahe so, dass ich es managen kann. Norma Foerderer arbeitet seit 23 Jahren für mich. Wenn Sie wissen wollen, was für ein toller Kerl ich bin, brauchen Sie sie nur zu fragen. Aber bitte nicht an einem Freitag.

Mich, das Büro und mehrere Hundert Anrufe pro Woche zu meistern ist nicht einfach. Aber sie ist ebenso zäh wie klug, und sie ist gütig. Außerdem ist sie unermüdlich, und diese Eigenschaft ist sehr hilfreich, wenn man für mich arbeitet. Die Anrufe in meinem Büro sind so zahlreich, dass ich noch zwei weitere Assistentinnen beschäftige, die nie zur Ruhe kommen. Im Durchschnitt nehmen sie mehr als 1250 Anrufe pro Woche entgegen. Sie arbeiten nicht nur tüchtig und schnell, sie sind auch sehr angenehme und gutaussehende junge Frauen.

Man muss nicht unbedingt schön sein, um für mich zu arbeiten – man muss nur seine Arbeit gut erledigen. Mir wurde schon oft vorgeworfen, eine Schwäche für schöne Frauen zu haben. Ich bekenne mich schuldig. Aber am Arbeitsplatz zählt neben der Schönheit vor allem das, was man im Kopf hat. Man braucht kompetente Mitarbeiter mit einer inneren Arbeitsethik. Ich bin kein selbstzufriedener Mensch, und daher kann ich auch keine selbstzufriedenen Mitarbeiter gebrauchen. Ich handle schnell, und das erwarte ich auch von ihnen.

Einmal wollte ich wissen, wie schnell ein neuer Mitarbeiter arbeiten konnte. Also sagte ich ihm, ich würde in 15 Minuten das Büro verlassen, und bis dahin müsse eine bestimmte Arbeit erledigt sein. In Wirklichkeit ging ich nirgendwo hin, aber nach 15 Minuten hatte ich, was ich brauchte. War das machiavellistisch? Vielleicht, aber wir haben an diesem Tag beide etwas gelernt.

Noch ein letzter Ratschlag zum Thema Assistentinnen, der aus meiner persönlichen Erfahrung stammt und, wie ich gerne zugebe, für Ihre Karriere vielleicht nicht so relevant sein wird wie er es für meine war: Engagieren Sie eine Rezeptionistin, die die Landessprache beherrscht. Wir hatten für diese Aufgabe einmal eine atemberaubende Schönheit aus Europa engagiert. Sie konnte es mit Ingrid Bergman zu deren besten Zeiten aufnehmen, aber im Lauf der Zeit bemerkte ich, dass sie an prominenten Amerikanern nur mich und vielleicht noch George W. Bush kannte. Leute wie Hugh Grant, Reggie Jackson, George Steinbrenner, Jack Welch, Paul Anka, Mohamed Al Fayed, Regis Philbin oder Tony Bennett waren ihr völlig unbekannt. Ihre Anrufe wurden nie zu mir durchgestellt, und ihre Namen landeten auf der „Spinner-Liste“ meiner Rezeptionistin.

Aber Sie hätten sie sehen sollen! Sie war einfach umwerfend. Sie hat inzwischen eine geeignetere Laufbahn eingeschlagen, aber wir werden sie nie vergessen. Weder wir noch die Leute, die bei uns anriefen. Oder es versuchten.

Denken Sie immer daran: Sie sind der Motor Ihrer Firma

Setzen Sie die Maßstäbe. Erwarten Sie von Ihren Angestellten nicht, dass sie härter arbeiten als Sie selbst. Ich muss mir deshalb keine Sorgen machen, denn ich arbeite an sieben Tagen in der Woche, und fast jede Minute davon macht mir Spaß. Sie müssen sich aber auch immer darüber im Klaren sein, dass Ihr Unternehmen manchmal wie eine große Familie funktioniert – mit allen damit verbundenen Problemen. Das ist nur natürlich, wenn man bedenkt, dass Menschen oft mehr Zeit mit ihren Kollegen verbringen als mit ihren Familien.

Ein Besucher in meinem Büro meinte einmal, dass ihn die Vorgänge dort an familiäre Konflikte erinnerten. Ich gebe gern zu, dass es bei uns manchmal recht laut wird, und dass er mit seiner Einschätzung nicht völlig falsch lag. Wer aber jeden Tag sanft dahinsegeln möchte, der sollte ans Mittelmeer ziehen.

Gewinner betrachten Probleme als eine Möglichkeit unter vielen, ihre Fähigkeiten zu beweisen. Probleme sind für sie niemals eine wirkliche Belastung, und wer keine Probleme hat, der hat auch kein Unternehmen zu leiten.

Betrachten Sie Ihr Unternehmen als lebenden, atmenden Organismus, denn genau das ist es auch. Die Zahlen, die man Ihnen aushändigt, zeigen Ihnen, wie gesund dieser Organismus ist. Seien Sie auf der Hut vor schlechten Zellen und lassen Sie die guten Zellen gedeihen.

Wachstum ist ein Kennzeichen von Leben, darum sollten Sie Ihr Unternehmen ständig auf Wachstumskurs halten. Es ist sehr wichtig, dass Sie das, was Sie tun, mit Leidenschaft tun. Wenn Sie von Ihrer Arbeit nicht begeistert sind, wie können Sie es dann von anderen erwarten? Wenn Ihre Mitarbeiter Ihre Energie sehen und spüren, dann wird sich das auch auf sie auswirken.

Schüchtern Sie niemanden ein. Sonst werden Sie niemals eine ehrliche Antwort bekommen und werden Ihren eigenen Zielen schaden. Meine Tür steht immer offen, und meine Angestellten wissen, dass ich erreichbar und ansprechbar bin. Bei uns gibt es kein Geschwätz, aber was erledigt werden muss, wird auch erledigt. Und zwar schnell.

Denken Sie daran, dass Ihre Firma *Ihre* Firma ist. Das klingt banal, aber letzten Endes sind Sie es, der die Regeln festlegt. Sie sind für die Strategie verantwortlich – und auch für die Resultate. Erinnern Sie sich noch an Harry Trumans berühmte Worte, die während seiner Präsidentschaft auf seinem Schreibtisch im Oval Office standen? THE BUCK STOPS HERE – Hier endet die Macht des Dollars.

Das Zitat auf meinem Schreibtisch ist nicht unähnlich. Es lautet:
THE BUCK *STARTS* HERE – Hier nimmt der Dollar seinen Anfang!

Reden Sie Klartext

Wer ausweichend antwortet oder sich bewusst unklar ausdrückt, signalisiert damit, dass er sich seiner selbst und seiner Handlungen nicht sicher ist. Politiker tun es ständig; ich finde das unangemessen, beleidigend und herablassend.

Ich versuche so etwas zu vermeiden. Zum Glück ist das für mich kein großes Problem, denn ich bin dafür bekannt, manchmal zu schnellen, derben Aussagen zu neigen. Und das ist auch gut so.

Einmal bat ich einen meiner Mitarbeiter um seine Einschätzung eines neuen Projekts, das wir in Erwägung gezogen hatten. Er war in der betreffenden Stadt gewesen, hatte dort einige Zeit verbracht und wertvolle Nachforschungen angestellt. Er schilderte also die Chancen und die Risiken der Sache, die guten und die schlechten Seiten, die Pros und Contras – langatmig und in allen Einzelheiten. Er sprach bestimmt zehn Minuten ohne Unterbrechung. Nach allem, was er erzählte, gab es ebenso viele Gründe, das Vorhaben fallen zu lassen wie es Gründe gab, sich sofort an dessen Verwirklichung zu machen. Es war wie ein unentschiedenes Spiel ohne Verlängerung.

Ich stellte ihm einige weitere Fragen, aber das brachte uns keinen Schritt weiter. Er stand gleichzeitig auf beiden Seiten des Zauns und wollte offensichtlich keine klare Stellung beziehen. Dieser Mitarbeiter hatte viel Erfahrung und eine gute Erfolgsbilanz. Daher bat ich ihn schließlich, seine Meinung über das Projekt in höchstens zehn Worten auszudrücken.

„Es stinkt", sagte er.

Er hatte noch acht Worte übrig, aber er brauchte sie nicht.

Stellen Sie sich zwei Fragen

1. Gibt es jemanden, der das besser kann als ich?
Mit anderen Worten: Sie müssen sich selbst und Ihre Wettbewerber kennen. Wenn ein Konkurrent besser ist als Sie, dann müssen Sie etwas bieten, was er nicht bieten kann.

2. Was weigere ich mich zu sehen?
Wir alle neigen dazu, uns von der Euphorie eines kreativen Augenblicks überwältigen zu lassen, oder von dem, das die Redenschreiber des ehemaligen Präsidenten Richard Nixon „das erhebende Gefühl eines Traums" genannt haben. Bevor der Traum Sie in die Wolken hebt, müssen Sie die harten Fakten auf dem Boden zur Kenntnis nehmen.

Mit Schaumschlägerei kommen Sie nicht weit

Seltsamerweise lautet der Satz, der am stärksten mit mir in Verbindung gebracht wird: „Sie sind gefeuert!“ Natürlich musste ich manchmal Leuten kündigen, aber in Wahrheit ist das kein bedeutender Teil meines Jobs. Viel lieber behalte ich loyale und hart arbeitende Mitarbeiter so lange, wie sie wollen. Amy Luerssen ist eine wundervolle Dame, über 90 Jahre alt, die schon für meinen Vater arbeitete und immer noch jeden Tag in unser Büro in Brooklyn kommt. Hier bei der Trump Organization arbeitet Helen Rakotz für mich, seit dem Tag, an dem wir nach Manhattan gezogen sind. Noch immer arbeitet sie jede Woche viele Stunden lang. Sie ist 82.

Einmal habe ich die Kündigung eines Mitarbeiters zwei Jahre lang immer wieder aufgeschoben, weil er mir, immer wenn dieses Thema zur Sprache kommen sollte, jede Menge Bockmist erzählte. Was auch geschah, stets hatte er gerade einen riesigen Deal eingefädelt, der kurz vor dem Abschluss stand.

Er schaffte es tatsächlich, mich zwei volle Jahre lang hinzuhalten, und ich glaubte ihm auch jedes Mal – oder ich wollte ihm glauben. Schließlich musste ich einsehen, dass seine Beteuerungen nichts als Schwindel waren, aber ich hatte ihm alle erdenklichen Chancen gegeben, bevor ich ihn endlich feuerte.

Wenn Ihr Chef nicht gerade ein kompletter Sadist ist, dann will er (oder sie) Sie nicht entlassen oder Ihre Familie in Schwierigkeiten bringen. Wenn Sie glauben, dass Ihnen die Kündigung droht, dann sollten Sie die Kontrolle über die Situation ergreifen und Ihren Chef um ein Gespräch bitten.

Wählen Sie für dieses Gespräch den richtigen Zeitpunkt. Sagen Sie Ihrem Chef, dass Sie die Kommunikation mit ihm suchen und Ihre Arbeit zur Zufriedenheit aller Beteiligten erledigen wollen.

Falls Ihr Chef ein Sadist oder auch nur schlecht kommuniziert, haben Sie natürlich noch immer ein Problem. In diesem Fall sollten Sie Ihrem Boss kündigen und sich einen besseren Job suchen. Es ist völlig sinnlos, wenn man versucht, sich mit einer schlechten Situation zu arrangieren, die sich voraussichtlich niemals bessern wird.

Ich versuche niemals, Mitarbeiter zum Bleiben zu überreden, die mein Unternehmen verlassen wollen. Wenn sie nicht hier bleiben wollen, dann will ich sie auch nicht hier haben. Noch nie ist jemand mit einem Ultimatum zu mir gekommen. Die Leute sehen, wie die Dinge bei uns laufen, und wenn es ihnen nicht gefällt, ziehen sie weiter. Manchmal geht das schnell. Eine qualifizierte und erfahrene Rezeptionistin hat stolze sechs Stunden lang hier gearbeitet. Sie merkte sofort, dass ihr die Schnelligkeit nicht lag, mit der bei uns gearbeitet wird. Sie sagte uns das auf sehr höfliche Weise und ging. Ich war von ihrem schnellen Denken und von ihrer Entscheidungsfreudigkeit beeindruckt. Sie wird anderswo sicher Erfolg haben.

Jede Neueinstellung ist ein Glücksspiel

Von manchen Leuten ist man nach dem Vorstellungsgespräch so beeindruckt, dass man sie am liebsten auf der Stelle zu Vizepräsidenten ernennen möchte – bis man merkt, dass ihr wahres Talent darin liegt, bei Vorstellungsgesprächen einen hervorragenden Eindruck zu machen. Daher ist, in gewisser Hinsicht, jede Neueinstellung ein Glücksspiel.

Wer beeindruckende Referenzen vorweisen kann, wird nicht unbedingt großartige Leistungen bringen oder gut zum Unternehmen passen. Fehlende Referenzen bedeuten nicht zwangsläufig fehlende Begabung. Aufmerksame Beobachtung ist hilfreich und schützt vor bösen Überraschungen. Menschen bieten manchmal eine interessante Mischung aus Pros und Contras. Im Lauf der Zeit werden Sie sich ein Urteil bilden können; Sie müssen nur aufmerksam sein.

Ich verlange von meinen Angestellten ein Verantwortungsbewusstsein, das über das unbedingt Erforderliche hinausgeht. Manche Menschen tun nicht mehr, als sie tun müssen; andere fühlen sich für das Unternehmen als Ganzes wirklich verantwortlich. In ihrem Bewusstsein gibt es eine direkte Verbindung zwischen ihrer Arbeit und dem Erfolg oder Misserfolg des Unternehmens. Sie halten sich für wichtig, und ihre Arbeit zeigt das auch. Wenn Sie Ihren Angestellten dieses Gefühl für ihren Wert vermitteln können, dann werden Sie ein hervorragendes Team haben, das für Sie arbeitet. Sie sollten sich mit Menschen umgeben, die auf ihre Arbeit stolz sind – und ich versuche, solche Leute an mein Unternehmen zu binden.

Ich habe eine besondere Vorliebe für Angestellte, die das Geld des Unternehmens so ausgeben – und, noch wichtiger: es so sparen –, als wäre es ihr eigenes. Unternehmen leiden darunter, wenn die Angestellten nicht genug Sorgfalt auf die Kostenkontrolle verwenden. Angestellte, die sich für ihre Budgets persönlich verantwortlich fühlen, die den Gewinnausweis des Unternehmens als erweiterte Form ihrer eigenen Ersparnisse betrachten, liefern oft die besten Ergebnisse. Wenn Sie Ihren Chef wissen lassen, dass die Unternehmensgewinne Ihnen wichtig sind, wird er Sie immer schätzen.

Ich respektiere Angestellte, die selbständig denken können. Mein langjähriger Rechtsberater George Ross sieht das genauso. Seine Assistentin Carole Berkowitz half eines Tages an der Rezeption aus, als sie den Anruf einer fremden Frau erhielt, die sagte, sie wolle Selbstmord begehen. Carole hielt den Anruf für glaubhaft und nahm sich Zeit, der verzweifelten Frau zuzuhören.

Carole fragte sie, woher sie komme, und die Frau antwortete, sie lebe im Süden Kaliforniens. Carole antwortete: „Sie leben in Kalifornien? Am Strand? Wissen Sie, wie kalt es heute in New York ist? Wir haben draußen minus zehn Grad, von dem eisigen Wind ganz zu schweigen. Ich wäre heute auf dem Weg zur Arbeit fast erfroren. An Ihrer Stelle würde ich jetzt sofort aus dem Haus gehen, einen langen Spaziergang am Strand machen und mich für eine Weile in die Sonne setzen. Das würde ich jetzt tun, wenn ich Sie wäre." Die Frau beruhigte sich sofort und dankte Carole dafür, dass sie so nett zu ihr gewesen war.

Solche Mitarbeiter wollen wir.

Ein gewisser persönlicher Ehrgeiz ist erforderlich, aber nicht in einem solchen Ausmaß, dass er das gemeinsame Ziel des Unternehmens gefährdet. Wenn Ihr Team nicht zusammenarbeiten kann, werden sie nicht viel erreichen. Ich hasse es, wenn man hinter dem Rücken von Leuten schlecht über sie redet. So etwas ist überflüssig, und ich empfinde es als beleidigend. Ich habe selbst Augen, Ohren und Instinkte. Ich kann Menschen und Situationen selbst einschätzen. Wenn die Leute genug Zeit für Sticheleien haben, dann ist das ein Zeichen, dass sie sich nicht genug mit ihrer Arbeit beschäftigen.

Sie werden kein wertvoller Angestellter sein, wenn Sie sich nicht selbst dazu machen. Denken Sie darüber nach: Was tragen Sie zum Wohl des Unternehmens bei? Spielen Sie für das Gedeihen und den Fortschritt des Unternehmens eine wichtige Rolle? Arbeiten Sie halbherzig oder aus vollem Herzen? Drücken Sie sich einfach vor Ihren Aufgaben und hoffen, dass es niemand bemerken wird?

Der einzige Mensch, den Sie je täuschen können, sind Sie selbst. Andere können Sie nicht täuschen, selbst wenn Sie *glauben*, Sie könnten es.

Viele Leute sagen, sie hätten innerlich gekündigt, weil ihre Stellung weder Herausforderungen noch Leistungsanreize noch Aufstiegschancen biete. Eine ausweglose Situation. Vielleicht ist das tatsächlich so. Wenn ja, sollten Sie nach einem anderen Unternehmen suchen, das Ihnen eine interessante Aufgabe bietet, für die Sie die nötige Erfahrung mitbringen. Manchmal muss man einfach gehen, und es gibt Situationen, in denen der einzige Weg nach oben der Weg nach draußen ist.

Ideen

Ideen sind willkommen, aber sorgen Sie dafür, dass Sie die richtigen Ideen vortragen

Wenn Sie ein Unternehmen leiten, müssen Sie ein offenes Ohr für Ihre Angestellten haben. Wenn sie das Gefühl haben, dass sie Ihnen ihre Ideen vortragen können, dann werden sie es auch tun. Falls nicht, dann werden sie es nicht tun. Ihnen entgehen damit eine Menge guter Ideen, und vielleicht entgehen Ihnen auch schon bald etliche Mitarbeiter.

Ich erlaube es meinen Angestellten, mir ihre Ideen vorzutragen. Ich habe nicht viel Zeit, und deshalb müssen sie gut vorbereitet sein und ihre Präsentation kurz und bündig gestalten. Ich bin sicher, dass diese Regel bei jedem viel beschäftigten CEO gilt. Wenn Sie also den Mut gefasst haben, Ihre Idee vorzubringen, dann drücken Sie sich so klar wie möglich aus und nehmen Sie die Sache nicht auf die leichte Schulter. Stellen Sie sich vor, es handle sich um eine Präsentation, die Sie viel Geld kosten kann, wenn Sie den Kunden verlieren. Die Zeit Ihres Chefs ist kostbar, und Sie werden keine Punkte machen, wenn Sie diese Zeit verschwenden.

Sie müssen dabei die feine Trennungslinie zwischen Aufdringlichkeit und intelligenter Überzeugungskraft beachten. Manchmal ist es auch eine Frage des richtigen Zeitpunkts. Beachten Sie, was um Sie herum vorgeht, und passen Sie sich diesem Rhythmus an. Wenn ich arbeite, entwickle ich ein gewisses Tempo. Wer es unterbricht, darf nicht mit einem herzlichen Willkommen rechnen.

Bedenken Sie auch: Ihr Chef hat den großen Überblick, Sie haben ihn nicht. Wenn Ihre Idee also nicht auf Jubel und Begeisterung stößt, dann befindet sich vielleicht eine ähnliche Idee schon in der Entwicklung, oder Ihre Idee steht nicht im Einklang mit der bereits beschlossenen Planung. Das sollte Sie jedoch nicht entmutigen, denn Ihre Initiative wird nie unbemerkt bleiben. Sie müssen aber erkennen, wann es sinnlos ist, auf einem Vorschlag zu beharren, und Sie dürfen auch keine ausführliche Erläuterung der Gründe erwarten.

Ich mag Menschen, die nicht aufgeben, aber lästig zu sein nützt niemandem. Auch hier muss man eine feine Unterscheidung treffen. Sie müssen wissen, wann es besser ist, die Sache auf sich beruhen zu lassen. Stellen Sie Ihre Antennen auf Empfang für eine andere Idee und eine bessere Gelegenheit, sie zu präsentieren. Manchmal gibt es gute Gründe zu zögern.

Ich hatte einmal einen Angestellten, den ich sehr schätzte, aber er erinnerte mich an eine Springbohne. Länger als drei Sekunden konnte er sich nicht ruhig halten. Sogar Autofahrten mit ihm wurden zu schweren Prüfungen, denn der Aufenthalt in einem geschlossenen Raum schien ihn noch mehr anzuheizen, und dann legte er erst richtig los. Schließlich mied ich ihn so gut es ging, und das war sehr schade, denn eigentlich war er ein feiner Kerl. Doch genug ist genug. Wenn Sie übertreiben, werden die Leute Sie ausblenden – oder sich wünschen, dass Sie in ein fernes Land ziehen. Soweit ich weiß, lebt die Springbohne jetzt in Montana. Ich kann nur hoffen, dass es dort genug Platz gibt, um ihn im Zaum zu halten, und ich muss jedes Mal lachen, wenn ich höre, dass in Montana Ufos gesichtet worden sind. Ich weiß, wer es ist.

Noch ein letzter Rat: Wenn Ihr Chef eine Idee ablehnt, sollten Sie das zur Kenntnis nehmen. Höchstwahrscheinlich gibt es gute Gründe für die Ablehnung. Niemand sträubt sich gegen eine brillante Idee. Vielleicht ist es nur nicht die *richtige* brillante Idee für das Unternehmen, in dem Sie arbeiten. Womöglich sollten Sie sich selbständig machen. Denken Sie darüber nach. Es könnte nicht das Ende, sondern erst der Anfang Ihrer Karriere sein.

Achten Sie auf Talent, nicht auf Titel

Meine Angestellten wissen, dass ich viel mehr bin als das Bild, das sich die Öffentlichkeit von mir macht. Ich bin nicht eindimensional, und wenn Sie erkennen, dass die Menschen um Sie herum es ebenfalls nicht sind, dann können Sie von den verborgenen Begabungen profitieren, die fast jeder zu bieten hat. Bis zu einem gewissen Grad hängt es von den Menschen selbst ab, ob sie diese Begabungen nutzen wollen oder nicht, aber es gehört auch zu den Aufgaben einer Führungskraft, solche Talente zu erkennen und ihnen zumindest eine Chance zur Entfaltung einzuräumen. Die meisten Leute treten nicht gern auf der Stelle. Wenn Sie wollen, dass Ihr Unternehmen Fortschritte macht, dann sehen Sie sich von Zeit zu Zeit nach neuen Möglichkeiten innerhalb Ihrer Organisation um. Lassen Sie es niemals zu, dass allein die Stellenbezeichnung den Wert eines Angestellten für Ihr Unternehmen ausdrückt.

Die Mitarbeiter der Trump Organization haben schon oft erstaunliche Karrieresprünge vollzogen. Matthew Calamari, heute Executive Vice President of Operations, hat als Wachmann bei uns angefangen. Als ich Matthew kennen gelernt hatte, war mir klar, dass er viel mehr zu bieten hatte als seine Stellenbezeichnung ausdrückte, und er hat meine Einschätzung bestätigt. Er ist ein hingebungsvoller, vertrauenswürdiger Mitarbeiter, und jeder CEO, der seine Sinne beisammen hat, hätte ihn gern an seiner Seite. Als geschäftsführender Vizepräsident ist er für das Baugeschäft zuständig, und er leitet meine gesamte Sicherheitsabteilung. Mit seinem Bruder Michael und mit Andy Weiss ist er für einige große Bauprojekte verantwortlich. Ihr jüngstes Werk ist das neue Gebäude an der Stelle, wo früher das Delmonico Hotel stand, an der Ecke Park Avenue und 59. Straße. Ich nenne es Trump Park Avenue. Das klingt nicht schlecht, oder?

Mit Matthew Calamari, einem geschäftsführenden Vizepräsidenten der Trump Organization

Vinnie Stello, den Matthew Calamari eingestellt hat, begann als mein Leibwächter und ist heute Vizepräsident. Er hat alles, was eine effektive Führungskraft braucht. Mir war das sofort klar, ihm vielleicht nicht. Oft brachte Vinnie Manager, Architekten und Vertragspartner im Auto zu meinen Baustellen nach Westchester. Jetzt ist er ihr Vorgesetzter. Ich bin wahrscheinlich der größte Grundeigentümer in Westchester County, und Winnie kümmert sich jetzt um diesen Besitz.

John Tutolo, der Präsident unserer Model-Agentur Trump Model Management, begann als Buchhalter. Seine jetzige Aufgabe würden wohl viele Männer als Traumjob bezeichnen.

Es ist Meredith McIvers Verdienst, dass das Schreiben dieses Buches für mich nicht zu einer Last, sondern zu einem Vergnügen wurde. Sie begann bei uns als Medienassistentin, aber ich erkannte bald, dass ihre Talente viel weiter reichen. Es erfordert Begabung, jeden Tag mit mir und allen anderen zurechtzukommen (besonders mit mir). Ich hätte natürlich auch jemanden von außerhalb dazu engagieren können, mir bei der Arbeit an diesem Buch zu helfen. Aber warum sollte man Zeit mit der Suche außerhalb des Unternehmens verschwenden, wenn man die richtigen Leute schon an seiner Seite hat?

Ihre Ressourcen sind sehr oft größer, als Sie glauben. Ich mag es nicht, wenn Menschen mich unterschätzen, und ich versuche, auch andere nicht zu unterschätzen. Menschen haben viele Facetten, und man muss es ihnen ermöglichen, diese Facetten auch zur Geltung zu bringen. Die meisten Menschen wollen lieber Erfolg haben als scheitern, aber manchmal braucht es eine Führungspersönlichkeit, um ihnen das Wort „Erfolg" in ihr persönliches Vokabular zu schreiben.

Mit anderen Worten: Versuchen Sie den Menschen zu erkennen, der hinter einem Titel steht. Talente findet man oft an den unwahrscheinlichsten Orten.

Meredith McIver, Rhona Graff und Norma Foerderer von der Trump Organization

Managen Sie den Menschen, nicht den Job

Ich habe einmal eine Geschichte über einen Mann gehört, der eine Werbeagentur besaß. Dort gab es einen Autor, der die anderen fast in den Wahnsinn trieb, denn es sah so aus, als tue er nicht das Geringste. Er gab sich auch keinerlei Mühe, einen beschäftigten Eindruck zu machen.

Nach einer Weile beklagten sich die Kollegen beim Chef über die Faulheit dieses Mannes. Plötzlich richtete sich der Chef auf und fragte: „Wie lange geht das nun schon so?"

Einer der anderen Autoren antwortete: „Schon seit Wochen! Er sitzt einfach da und tut nichts. Es ist, als läge er im Koma."

Der Chef sagte: „Ich erwarte von Ihnen, dass Sie ruhig sind und ihn nicht stören. Fragen Sie ihn ab und zu, ob Sie ihm einen Kaffee oder etwas zu essen bringen oder sonst etwas für ihn erledigen können."

Verständlicherweise fühlten sich die Angestellten vor den Kopf gestoßen und begannen zu murren. Da erklärte ihnen der Chef, was er meinte: „Hören Sie zu. Er hat sich schon zweimal so benommen, und jedes Mal brachte er Ideen hervor, die Millionen von Dollars wert waren. Wenn ich Ihnen also sage, dass Sie ihn nicht stören sollen, dann habe ich meine Gründe dafür."

Jeder Mensch hat seine eigene Art, Resultate zu erzielen. Ich denke gern darüber nach, auf welche Weise jeder von meinen wichtigsten Mitarbeitern am effektivsten arbeitet. Wenn Menschen Ihre wichtigste Ressource sind, dann sollten Sie sich bemühen, etwas Nützliches über diese Menschen zu lernen. Diese Fähigkeit unterscheidet einen guten von einem großartigen Manager.

Manche Mitarbeiter lassen sich am besten durch den Faktor Furcht motivieren.

Haben Sie schon einmal folgenden Dialog gehört?

Frage: „Seit wann arbeiten Sie hier?"

Antwort: „Seit man gedroht hat, mich zu feuern."

Auf manche Angestellte mag das zutreffen. Zum Glück scheine ich Menschen anzuziehen, die gerne arbeiten, aber von Zeit zu Zeit tauchen auch ein paar Schlafmützen auf. Die Gefahr, das Gesicht zu verlieren (oder den Job) kann für viele dieser Menschen eine starke Motivation sein.

Dennoch wird es sich immer zu Ihrem Nachteil auswirken, wenn Sie Ihre Angestellten auf irgendeine Weise demütigen. Ich kann hart sein, aber die meisten würden bestätigen, dass ich fair bin. Man kann Menschen zerstören, wenn man seine Worte nicht sorgfältig abwägt. Sie sollten Ihre Macht als Unternehmensführer so positiv wie möglich nutzen. Manchmal erfordert das große Zurückhaltung und viel Geduld. Ich muss lachen, wenn ich Leute sagen höre: „Ich kann es gar nicht erwarten, ein hohes Tier zu werden. Dann kann ich alle herumkommandieren." So läuft es nicht.

Abraham Lincoln hat einmal eine Bemerkung gemacht, die hierher passt und sich auf Managementfragen anwenden lässt: „Not kann fast jeder aushalten, aber wenn du den Charakter eines Mannes auf die Probe stellen willst, dann gib ihm Macht."

Halten Sie Ihre Tür offen

Ich bin immer wieder verblüfft, wenn Leute sagen: „Oh, der hat es geschafft", so als ob das jetzt alles wäre, was es über diese Person noch zu sagen gibt. Sie scheinen zu denken, dass dieser Mensch einfach aussteigen und es sich bequem machen kann, weil er an seinem Ziel angekommen ist.

Etwas erreicht zu haben bedeutet für mich, dass etwas Neues beginnt. Der College-Abschluss ist ein Anfang, kein Ende. Jeder Erfolg ist der Beginn des nächsten.

Lernen ist ein Neuanfang, den wir uns jeden Tag gönnen können.

Ein Alleswisser ist wie eine verschlossene Tür. Wer mich kennt weiß, dass die Tür zu meinem Büro immer offen steht. Das ist durchaus symbolisch für die Art, wie ich denke und arbeite. Mein Vater war mir in dieser Hinsicht sehr ähnlich. Er sagte einmal zu mir: „Weißt du, je mehr ich lerne, desto klarer wird mir, wie wenig ich weiß. Ich glaube, das hat mich mehr als alles andere im Herzen jung bleiben lassen." Das war ein spontaner Kommentar, eine beiläufige Bemerkung. Er sagte das eines Tages, als er gerade ein Buch las, aber mir sind diese Worte jahrzehntelang im Gedächtnis geblieben.

Jeden Tag werde ich daran erinnert, wie wenig ich weiß. Alles was ich lerne führt mich zu etwas anderem, das ich noch nicht wusste. Zum Glück maße ich mir nicht an, ein Alleswisser zu sein, und so bringt jeder Tag eine neue Herausforderung. Oft werde ich gefragt, was mich antreibt, und diese Antwort kommt der Wahrheit wohl am nächsten. Wenn ich am Ende eines Tages nicht mehr weiß als beim Aufstehen, dann frage ich mich: Was habe ich heute versäumt? Werde ich faul? Ich bin ein disziplinierter Mensch, daher bringt mich schon allein dieser Gedanke in Rage.

Sie möchten eine Gehaltserhöhung? Treten Sie näher.

Wir alle haben schon gehört, der Mensch sei ein Gewohnheitstier. Das kann gut oder schlecht sein; es hängt von Ihren Gewohnheiten ab. Ich habe die Gewohnheit zu lernen über Jahre kultiviert, und sie gehört zu den angenehmsten Aspekten meines Lebens. Jeder in meiner Familie weiß, dass ich großen Wert auf Bildung lege. Nicht nur auf die Bildung, die man an Eliteuniversitäten erhält, sondern auf jede Art von Bildung für Menschen aller Altersklassen. Ich hatte in der Schule zwar sehr gute Noten, aber ich habe nicht die Zeit, das Leben eines Gelehrten zu führen. In stillen Momenten wünsche ich mir das manchmal. Möglichkeiten entfalten sich. Die Welt öffnet sich.

Meine Schwester Marianne hat mich mit den Schriften Aldous Huxleys bekannt gemacht. Er war so lernbegierig, dass er, als er als junger Mann fast völlig erblindete, die Blindenschrift lernte und seine Studien fortsetzte. Seine Schilderung dieser schwierigen Situation enthält nicht eine Spur von Selbstmitleid. Er beschreibt im Gegenteil sogar einige Vorteile: Er konnte jetzt nachts im Bett lesen, und er hatte nie kalte Hände, weil er mit seinen Händen unter der Bettdecke las.

Lernen erzeugt Lernen. Ich bin lieber angeregt als passiv.

Im Geschäftsleben darf man keine Scheuklappen tragen. Sie sollten regelmäßig einen Teil Ihrer Zeit darauf verwenden, Ihren Horizont zu erweitern.

Wir leben in einer großen Welt und müssen uns bewusst sein, dass es Kulturen gibt, die sich von der unseren unterscheiden. Ich habe immer in den USA gelebt, aber ich bemühe mich, über andere Kulturen informiert zu sein. In New York, der facettenreichsten und aufregendsten Stadt der Welt, ist das auch nicht schwer.

Ein Bekannter, der einige Jahre im Ausland verbracht hatte, erzählte mir bei seiner Rückkehr, ein verbreiteter Kommentar zu uns Amerikanern sei, dass man immer ganz genau wisse, woher wir kommen. Der Nachteil: Wir wissen kaum etwas darüber, woher *alle anderen* kommen. Über die Ereignisse in unserem Land sind wir bestens informiert, aber wir wissen viel weniger darüber, was in anderen Ländern geschieht. Wir alle müssen viel mehr auf das achten, was außerhalb unseres eigenen kleinen Reiches passiert. Es gibt so viele Verbindungen zwischen uns und anderen – politisch, wirtschaftlich und sozial. Vielleicht konnte ich unter anderem deshalb Wohnungen an Menschen aus so vielen verschiedenen Ländern verkaufen und vermieten, weil ich mich bemüht habe zu verstehen, woher sie kamen.

Lernen Sie etwas Neues, ob Sie es nun für interessant halten oder auch nicht. Das ist das Gegenteil eines verschlossenen Verstandes – oder einer verschlossenen Tür. Ich danke meinem Vater für das Beispiel, das er mir gegeben hat. Es war der Schlüssel dafür, dass er bis über seinen 90. Geburtstag hinaus jung und dynamisch blieb. Und es kann dasselbe für Sie tun, wenn Sie die Anstrengung nicht scheuen.

Think Big Live Large

Das ist die letzte Regel der Trump-Akademie für Business- und Management. Wenn Sie diese erst einmal beherrschen, sind Sie reif für das Examen.

Wir leben in einer großen Welt. Es gibt vieles, das wir nicht wissen, und das bedeutet, dass es noch viel zu entdecken und zu erreichen gibt.

Chancen gibt es immer. Aber wenn Sie zu kleinkariert denken, werden Sie sie wahrscheinlich verpassen.

In gewisser Hinsicht ist es einfacher, einen Wolkenkratzer zu kaufen als ein kleines Haus in einer schlechten Wohngegend in Brooklyn. In beiden Fällen benötigen Sie wahrscheinlich einen Kredit, und die meisten Kreditgeber investieren lieber in ein großartiges Gebäude als in eine baufällige Doppelhaushälfte in einer gefährlichen Wohngegend. Wenn Sie mit dem Wolkenkratzer einen Treffer landen, ist es zumindest ein großer Treffer. Und wenn es kein Erfolg wird, worin besteht dann der Unterschied zwischen dem Verlust von 100 000 Dollar und einigen hundert Millionen Dollar? Verloren haben Sie in jedem Fall, also hätten Sie genauso gut auf den ganz großen Treffer abzielen können.

Ich habe Geschichten gelesen, in denen ich als eine Art Cartoonfigur dargestellt wurde; als Comic-Version des Business-Moguls aus der großen Stadt; mit umwerfender Freundin, Privatflugzeug, eigenem Golfplatz und einer Penthouse-Wohnung mit Marmorböden und goldenen Wasserhähnen. Aber mein Cartoon ist echt. Ich habe mein eigenes Comic-Buch geschaffen, und ich liebe es, darin zu leben. Wenn Sie planen, dann planen Sie im großen Maßstab. Und wenn sie leben, dann führen Sie ein großes Leben.

TEIL 2

Teil 2

Karrieretipps von Donald

Übernehmen Sie die Kontrolle über Ihr Vorstellungsgespräch

Im Lauf der Jahre habe ich bei Vorstellungsgesprächen einige interessante Erfahrungen gesammelt. Norma Foerderer ist ein gutes Beispiel. Nach dem ersten Gespräch war ich noch unsicher. Das hatte nichts mit ihrer Qualifikation zu tun. Aber sie wirkte ein wenig zu spröde und zu steif auf mich; etwa so, wie die überaus korrekt wirkende Figur in einer Familien-Sitcom. Ich bezweifelte, dass sie sich bei uns durchsetzen und sich meinem Arbeitsstil anpassen könnte.

Norma schien besser als ich zu erkennen, wie gut wir harmonieren würden. Ich wusste damals noch nicht, wie trügerisch ein erster Eindruck sein kann. Denn Norma war alles andere als heiße Luft. Damals dachte ich: *Na ja, vielleicht.* Ihre beruflichen Qualifikationen waren jedenfalls besser als die jeder anderen Bewerberin. Wie ich später erfuhr, rief ich sie an dem Tag zurück, an dem ihre Mutter starb, aber Norma machte mir ein unwiderstehliches Angebot: Sie war bereit, einen Monat lang für ein niedriges Gehalt für mich zu arbeiten, um zu sehen, ob wir zusammenpassten. Ohne Haken und Fallstricke.

Ich dachte: *Aha!* Sie wird sowieso nicht bleiben, und in der Zwischenzeit kann ich mich für eine andere Bewerberin entscheiden. Nach einem Monat bei mir wird sie sicher wieder gehen. Diese versnobte Person würde hier nirgendwo landen – außer wieder vor der Eingangstür.

Ich brauche wohl nicht zu betonen, dass ich Norma vollkommen unterschätzt hatte. Sie beschämte mich, und ich füge hinzu, dass ich ihr dafür dankbar bin. Sie war fest entschlossen, diesen Job zu bekommen, und sie schaffte es auf elegante Weise.

Bitten Sie zum richtigen Zeitpunkt um eine Gehaltserhöhung

Wenn es um Ihre Karriere geht, sollten Sie bestimmte Schritte nicht unternehmen, ohne sich eine alte Weisheit ins Gedächtnis zu rufen: Timing ist alles.

Wenn Sie zum Beispiel um eine Gehaltserhöhung bitten wollen, dann sehen Sie sich zuvor genau um. Wenn es um Gehaltsgespräche ging, machten schon viele Angestellte, die ich sehr schätze, die dümmsten Fehler, die man sich vorstellen kann.

Jason Greenblatt, ein brillanter junger Anwalt, der für mich arbeitet, ist großartig in allem, was er tut. Aber eines Tages, ich schwöre es, muss er Scheuklappen getragen haben – und Ohrstöpsel noch dazu.

Es war ein ganz besonders harter, mieser, schrecklicher, scheußlicher Tag, der für mich und alle anderen kein Ende zu nehmen schien. Ein extrem schlechter Tag. Niemand hätte zu einem anderen Eindruck kommen können.

Spät am Nachmittag, als ich völlig bedient war, hörte ich ein höfliches Klopfen an der Tür. Ich brüllte „WAS?" in meinem gereiztesten Tonfall. Lässig betrat Jason mein Büro, ignorierte meine zornige Begrüßung vollkommen und bat mich um eine Gehaltserhöhung.

Ich konnte einfach nicht glauben, dass ein so intelligenter Anwalt wie Jason zu einer derart dämlichen Handlung fähig war. Ich nenne hier nur deshalb seinen richtigen Namen, weil Jason weiß, wie sehr ich ihn schätze und respektiere, trotz des unglaublichen Fauxpas, den er sich damals geleistet hat. Aber ich gebe gerne zu, dass ich ihn an diesem Tag am liebsten umgebracht hätte. Machte er *Witze*? Erstaunlicherweise machte er keine. Es war ihm völlig ernst. Ich konnte es einfach nicht glauben.

Bekam er die Gehaltserhöhung? Nicht an diesem Tag. Er wäre fast wegen Dummheit gefeuert worden, aber ich sagte ihm zuvor, er solle mein Büro verlassen, bevor ich wirklich die Beherrschung verlieren würde. Ich sagte ihm auch, er sei zwar ein brillanter Anwalt, aber an seinem Gefühl für Timing müsse er noch arbeiten. Und er solle vielleicht einmal damit beginnen, darauf zu achten, was um ihn herum vorgeht. Ich weiß noch, wie ich damals dachte: *Habe ich wirklich so einen Menschen eingestellt?* Aber, wie schon gesagt, es war ein harter Tag.

Jason arbeitet immer noch für mich, und er bekommt viele Gehaltserhöhungen, weil er großartige Arbeit leistet. Aber jetzt wartet er immer auf sonnige Tage, blauen Himmel und zarte, weiße Wolken am Horizont, bevor er auf mich zugeht. Ich sagte ja schon, dass er intelligent ist.

Wer eine Gehaltserhöhung will, muss den richtigen Zeitpunkt abwarten. Das zeigt Ihrem Chef auch, dass Sie ein gewisses Einfühlungsvermögen und die nötige Wertschätzung für das mitbringen, was gerade in ihm vorgehen mag. Meine Leute müssen ein Gefühl dafür haben, was mich gerade beschäftigt.

Was mich an Menschen am meisten beeindruckt ist ihre Arbeitsethik. Ein wenig Aufschneiderei ist erlaubt, denn auch sie ist eine Art von Begeisterung, aber letzten Endes achte ich auf die Resultate. Als ich einmal einer Vertriebsbeauftragten sagte, ich müsse ihr Gehalt kürzen, weil sie in den vergangenen neun Monaten nichts verkauft hatte, drehte sie fast durch. Aber manche Dinge verstehen sich einfach von selbst. Was würde sie tun, wenn sie eine unproduktive Vertriebsmitarbeiterin auf ihrer Gehaltsliste hätte?

Wenn Sie wüssten, dass Ihr Unternehmen um 15.00 Uhr einem wichtigen Kunden neue Produkte präsentieren wird, würden Sie dann um 14.45 Uhr nach einer Gehaltserhöhung fragen?

Wie in einer Komödie geht es auch beim Geld vor allem um richtiges Timing.

Bleiben Sie beharrlich

The Art of the Deal enthält ein Kapitel mit dem Titel *West Side Story*. Ich schilderte darin meinen Kauf der West Side Yards, eines gut 40 Hektar großen Geländes am Hudson River, das sich von der 59. Straße bis zur 72. Straße erstreckt. Die Kapitelüberschrift war bewusst doppeldeutig gewählt, weil ich wusste, dass die Vollendung des berühmten Musicals *West Side Story* zehn Jahre gedauert hatte. Geschaffen wurde es von keinen Geringeren als Leonard Bernstein, Jerome Robbins, Stephen Sondheim und Arthur Laurents. Wenn es also bei meinem *West Side*-Projekt Rückschläge oder Verzögerungen gab, konnte ich mich immerhin mit dem Gedanken trösten, dass ich mich in illustrer Gesellschaft befand.

Seither sind 17 Jahre vergangen, und die Arbeiten sind noch immer nicht abgeschlossen. Doch das Beispiel der geistigen Väter der *West Side Story* hat mir gute Dienste geleistet. Ein Klassiker wird nicht über Nacht erschaffen.

Ich nenne dieses Bauvorhaben Trump Place. Es ist ein Fünf-Milliarden-Dollar-Projekt; das größte, das die New Yorker Bauplanungsbehörde je genehmigt hat. Nach der Fertigstellung wird Trump Place 5700 Wohnungen und mehr als eine halbe Million Quadratmeter Ladenfläche umfassen. Bisher sind vier Türme fertig und werden bereits bewohnt, zwei weitere befinden sich gerade im Bau. Nach Abschluss der Bauarbeiten wird es auf dem Gelände insgesamt 16 Gebäude geben.

Trump Place liefert ein gutes Beispiel dafür, warum Beharrlichkeit im Geschäftsleben unerlässlich ist. Ich habe das Gelände 1974 gekauft. Wir hatten mit allen möglichen Hindernissen zu kämpfen, und wir mussten unsere ursprünglichen Pläne mehrmals ändern. Aber wir halten nun schon seit mehr als 30 Jahren durch. Fast jeder Manager wird manchmal ungeduldig, aber wenn man etwas von bleibendem Wert erschaffen will, muss man langfristig denken.

Vor kurzem erzählte mir eine meiner Angestellten, dass der Pastor ihrer Kirche Trump Place als Beispiel für ein festes Fundament genannt hatte, sei es im Glauben, in der Familie oder, wie in meinem Fall, bei Gebäuden. Die Kirche dieses Pastors liegt ganz in der Nähe der Baustelle. Er beobachtete, wie die Gebäude in die Höhe wuchsen und bewunderte die immense Arbeit. Wegen der äußerst gewissenhaft konstruierten Fundamente, so sagte er, könne jedes Gebäude eine Höhe von 100 Stockwerken erreichen.

Mein Verleger schickte mir das anregende Buch *The Cathedral Within* von Bill Shore, in dem es um die Hingabe und die Hoffnung geht, die nötig sind, um etwas Bleibendes zu schaffen. Es kann sich dabei um eine Kathedrale handeln, wie die in Mailand, deren Bau 500 Jahre dauerte, aber auch um eine kommunale Organisation oder ein Unternehmen.

Paul Davis, der Trump Place für mich und meine Partner entworfen hat, ist wirklich ein Kathedralenbaumeister. Ich habe selten jemanden gesehen, der so hart und sorgfältig arbeitet. Ob am Samstag oder am Sonntag, er ist immer da und kümmert sich um jedes winzige Detail der Entwürfe, der Zimmergrößen und der Ausstattungsqualität. Er ist einer der wichtigsten Ursachen unseres Erfolgs.

Manche Dinge sind es wert, auf sie zu warten. Für mich gehört Trump Place zu diesen Dingen: Sechzehn wundervoll konstruierte Gebäude direkt am Hudson River. Ein zehn Hektar großer Park. Die Upper West Side im Hintergrund. Trump Place könnte mein größter Beitrag zur Schönheit New Yorks werden. Die Zeit wird es zeigen, aber ich habe keine Eile und werde nicht aufhören, bis das Werk vollendet ist.

Golf spielt sich im Kopf ab, und Übung macht den Meister

Spielen Sie Golf

Ich habe auf dem Golfplatz schon viel Geld verdient, ehe ich ins Golfgeschäft einstieg. Ich habe dort Problemlösungen gefunden, Ideen für neue Vorhaben und sogar eine neue Karriere. Beim Golf kann man zu einem inneren Gleichgewicht gelangen, das man im Büro nicht immer findet.

Wer seine Arbeit liebt, ist immer ein Gewinner, und nachdem ich viele glückliche Stunden auf Golfplätzen verbracht hatte, beschloss ich, einige eigene Golfplätze zu bauen. Heute bin ich in den USA an vorderster Front, wenn es um die Errichtung neuer Golfplätze geht. Zwei Anlagen sind bereits voll in Betrieb; sie wurden mit Preisen ausgezeichnet und genießen international hohes Ansehen. Zwei weitere sind gerade im Bau.

Mein erster Golfplatz, der Trump International Golf Club in Palm Beach, Florida, war drei Jahre lang Austragungsort der ADP LPGA Championships. Als ich mich dazu entschlossen hatte, die schönsten Golfplätze zu bauen, die es gibt, stellte ich einige Nachforschungen an und kam mit den angesehensten Fachleuten auf diesem Gebiet in Kontakt – mit der Familie Fazio. So wie Michelangelo eine geniale Begabung hatte, Marmor zu bearbeiten, sind manche Menschen geniale Landschaftsgestalter. Jim und Tommy Fazio entwarfen eine Anlage, die die Träume jedes Golfers Wirklichkeit werden ließ – nicht nur was die Schönheit des Platzes betrifft, sondern auch seine Bespielbarkeit.

Der Platz wurde 1999 eröffnet. Mit seinen Wasserfällen und seinen in Florida einzigartigen Landschaften ist der Trump International Golf Club schon heute die beste Golfanlage in Florida.

Mein zweiter Golfplatz war Trump National in Briarcliff Manor im Staat New York. Die Erdbewegungen waren die größten, die man je in Westchester

County durchgeführt hatte, aber die Mühe lohnte sich. Wir arbeiteten auch mit Steinen, die wir für Mauern und einen spektakulären Wasserfall am 13. Loch verwendeten: eine mehr als 30 Meter hohe Felsklippe aus schwarzem Granit, den wir aus einem Steinbruch auf dem Gelände gewonnen hatten. Pro Minute fallen mehr als 20 000 Liter Wasser herunter. Die Mauern wurden von meinem sehr talentierten Steinmetz Frank Sanzo gebaut. Die Clubmitgliedschaft kostet 300 000 Dollar. Ich halte das für fast geschenkt.

Mein dritter Golfplatz ist der Trump National Golf Club in Bedminster, einer prächtigen Gegend im Staat New Jersey. Er wird vom Meister der Golfplatzarchitekten selbst konstruiert – von Tom Fazio. Das Magazin *Golf Digest* hat ihn dreimal als besten Golfplatzarchitekten unserer Tage ausgezeichnet, und wenn Sie diese Anlage sehen, wissen Sie warum. Sie wird lang, groß und schön, und ich beschäftige mich jeden Tag mit dem Entwurf und der Konstruktion. Weitere Pläne für dieses Gelände, das früher dem Automobilkonstrukteur John DeLorean gehörte und im Herzen von New Jerseys Pferdeland liegt, umfassen eine zweite Golfanlage und ein Clubhaus der Weltklasse im kolonialen Landhausstil.

Ich will mein Golf nicht auf die Ostküste beschränken, und daher kaufte ich 2002 eine Anlage, die sich über zwei Meilen entlang der Pazifikküste erstreckt. Früher hieß dieser in Palos Verdes gelegene Golfplatz Ocean Trails, in Zukunft wird er Trump National Golf Club, Los Angeles, heißen. Die früheren Besitzer hatten die Anlage vernachlässigt – das 18. Loch fiel in den Ozean –, und daher baue ich sie mit dem legendären Golfplatzarchitekten Pete Dye wieder auf. Wir wollen auf dem Gelände auch luxuriöse Landhäuser errichten. Wenn diese Anlage fertig ist, wird sie die beste in ganz Kalifornien sein.

Als wir den Kauf des Geländes bekannt gegeben hatten, schrieb die *Los Angeles Times*: „Trump hat, wie schon so oft, einen Trend aufgespürt." Das war zwar richtig, aber hauptsächlich folgte ich meinen Instinkten und Interessen.

Der Bau von Golfplätzen ist für mich kein großes Geschäft, und es spricht wenig dafür, dass ich noch einen weiteren bauen werde. Ich will nur die besten.

Dave Anderson, Joe Kernen, ich, und Ron Howard bei der Eröffnung des Trump National Golf Club in Briarcliff Manor, New York

Manchmal verkaufe ich Clubmitgliedschaften, während ich auf dem Übungsgelände Bälle schlage. Leute kommen auf mich zu und drücken mir Schecks in die Hand. Auf meiner Anlage in Florida kam vor einigen Tagen eine Gruppe von vier reichen Freunden, und jeder hatte einen Scheck über 300 000 Dollar dabei. Ich dachte mir: *Nicht schlecht. Ich spiele ein Spiel, das ich liebe, und ich gehe mit 1,2 Millionen Dollar in der Tasche heim.*

Mir ist klar, dass einige von Ihnen nicht viel für Golf übrig haben. Golf hat aber auch echte Liebhaber, genauso wie es eingeschworene Opern-Fans gibt, die rund um die Welt fliegen, um bei einem bestimmten Ereignis dabei zu sein. Für Menschen, die Opern nicht kennen oder nicht schätzen, ist das nur schwer nachzuvollziehen.

Ich kann Sie nicht zwingen, das Golfspiel zu lieben, aber glauben Sie mir: Wenn Sie einmal die Gelegenheit hätten, auf einer wirklich schönen Anlage zu spielen, dann könnte Sie diese Erfahrung zu einem echten Fan oder sogar zu einem leidenschaftlichen Golfer machen, egal wie schlecht Sie spielen.

Wenn mir vor 20 Jahren jemand prophezeit hätte, ich würde einmal mit Eifer Golfplätze aus der Taufe heben, dann hätte ich das für lächerlich gehalten und denjenigen aus meinem Büro gewiesen. Aber Golf kann Menschen verwandeln. Golf spielt sich im Kopf ab. Natürlich braucht man auch Geschicklichkeit und Technik, aber Konzentration und die Fähigkeit, eine Situation richtig einzuschätzen, sind nicht weniger wichtig.

Golf ist eine großartige Möglichkeit, Ihre geschäftlichen Fähigkeiten zu verbessern und zu lernen, wie man manövriert. Man kann es sogar damit gleichsetzen, zu lernen, wie man Verhandlungen führen sollte, was eine Kunst für sich ist. Im Grunde genommen ist Golf ein einsames Spiel. Unternehmertum, selbst wenn es in einer großen Firma stattfindet, ist ebenfalls ein einsames Spiel.

Letztlich geht es aber für Sie nicht darum, einen meiner Golfplätze zu besuchen (obwohl das eine kluge Entscheidung wäre), sondern darum, Ihre Leidenschaft in Profit umzuwandeln. Diese Leidenschaft wird Ihnen mehr Gewinn bringen, als Sie sich je erhofft haben.

Leidenschaft ist Begeisterung auf einem höheren Niveau. Sie ist umfassend und verzehrend. Leidenschaftliche Menschen geben niemals auf, weil es für sie nie einen Grund zum Aufgeben gibt, wie die Umstände auch immer aussehen mögen. Es handelt sich um eine nicht greifbare Antriebskraft, die Sie unbezwingbar machen kann.

Ohne Leidenschaft entsteht ein Fiasko oder, bestenfalls, ein halbwegs akzeptables Produkt. Fügen Sie Leidenschaft hinzu, und Sie werden eine Sphäre betreten, die jeder andere leidenschaftliche Mensch anerkennt, und um die sie alle Übrigen beneiden werden.

Einer meiner Freunde hatte Glück bei der Auswahl seiner Eltern: Er wurde in eine sehr wohlhabende Familie geboren. Er folgte seinem Vater an die Wall Street, aber er erwies sich dort als völliger Versager. Er mochte seine Arbeit nicht und er beherrschte sie auch nicht. Im Lauf der Zeit engagierte er sich zunehmend in seinem Golfclub in Connecticut. Er wurde zum obersten Spielleiter ernannt und leitete die Renovierung des Golfplatzes. Er liebte diese Aufgabe und erfüllte sie mit Bravour. Der Club ehrte ihn mit einer Festveranstaltung, um ihm für seinen ehrenamtlichen Einsatz zu danken. Ich fragte ihn: „Warum machst du nicht einen Beruf daraus? Für die Wall Street bist du nicht geschaffen. Dort fressen sie dich bei lebendigem Leib." Er meinte, seine Familie würde es nie verstehen, wenn er einen angesehenen Job aufgäbe und in Zukunft auf Golfplätzen arbeitete.

Zwei Jahre später befolgte er meinen Rat und gab seinen Job an der Wall Street auf. Jetzt widmet er sich hauptberuflich der Renovierung von Golfplätzen. Er sagt, er liebe es, morgens aufzustehen und fühle sich besser als je zuvor.

Natürlich müssen Sie nicht Golfspielen lernen, wenn Sie eine Karriere anstreben, die Sie wirklich befriedigt. Aber was auch immer Sie tun: Tun Sie es mit Leidenschaft.

Zuhause ist es doch am schönsten

Machen Sie eine Marke aus sich und lassen Sie es jeden wissen

Ursprünglich wollte ich dem Trump Tower einen anderen Namen geben – Tiffany Tower, wegen des berühmten Juweliergeschäfts nebenan. Ich fragte einen Freund: „Wie soll ich ihn nennen? Trump Tower oder Tiffany Tower?" Er meinte: „Wenn du dich in ‚Tiffany' umtaufen lassen willst, dann nenne ihn Tiffany Tower."

Wir alle kennen die Macht von Markennamen, vor allem, wenn es sich um anerkannte Qualitätsmarken handelt. Coco Chanel wurde vor 80 Jahren weltberühmt, weil sie ihr erstes Parfüm Chanel N° 5 nannte, und dieses Parfüm setzt sich auf einem hart umkämpften Markt noch heute durch. Der Duft und der Name sind zeitlos geworden. Sie hat bewiesen, dass man mit den richtigen Zutaten eine Legende erschaffen kann.

Wegen meiner strengen Anforderungen an Design und Qualität ist Trump inzwischen ein exzellenter Markenname geworden. Wir alle bewundern die Limousinen von Rolls-Royce, und ich will, dass alle meine Projekte diesen Qualitätsstandard aufweisen. Mein Eifer auf diesem Gebiet hat sich gelohnt, denn meine Gebäude gelten als die besten der Welt. Das mag prahlerisch klingen, aber es ist eine Tatsache. Ich neige nicht dazu, Wunschvorstellungen mit der Realität zu verwechseln. 2003 führte die Immobilienkolumnistin Mary Umberger in der *Chicago Tribune* die hohe Nachfrage nach den Wohnungen im Trump International Hotel and Tower in Chicago auf den „Trump-Faktor" zurück. Umberger schrieb: „Selbst erfahrene Akteure auf dem Immobilienmarkt staunen darüber, wie schnell die Wohnungen verkauft werden. Am Beginn der Verkäufe sagten mir diese Experten, sie zweifelten daran, dass Trump genug Momentum gewinnen würde, weil der Luxuswohnungsmarkt in Chicago sich im Tiefschlaf befand – und immer noch befindet."

Manche Leute haben geschrieben, ich sei ein Großmaul, aber sie haben den entscheidenden Punkt nicht erkannt. Ich glaube an das, was ich sage, und ich liefere die Beweise. Wenn Sie Ihr Leben einer bestimmten Aufgabe widmen, an das glauben, was Sie tun und es für hervorragend halten, dann sollten Sie das auch jedem erzählen. Feinsinnigkeit und Bescheidenheit sind etwas für Nonnen und Therapeuten, aber im Geschäftsleben müssen Sie lernen, der Welt mit lauter Stimme mitzuteilen, was Sie erreicht haben. Kein anderer wird das für Sie tun.

Wenn ich den Preis für eine Luxuswohnung festsetze, mache ich mir über viele Faktoren Gedanken – über den Markt, über die Lage und über die Konkurrenz. Dann mache ich meine eigenen Regeln. Einmal, als ich die teuersten Appartements nicht verkaufen konnte, erhöhte ich die Preise weit über das Preisniveau meiner Wettbewerber hinaus. Die Wohnungen wurden sofort verkauft.

Ich sehe meine Arbeit als Kunstform und widme mich ihr mit der gleichen Intensität und dem gleichen Ego wie es ein ehrgeiziger Künstler tun würde. Ich habe nie bewusst geplant, aus meinem Namen eine Marke zu machen. Aber jedes Produkt, mit dem ich zu tun hatte, wurde von meinem ästhetischen Empfinden geprägt, und so entstand ein immer größer werdendes Netzwerk von Interessen. Der weltweite Erfolg des Namens Trump war eine Überraschung für mich.

Eine angenehme Überraschung. Wer meinen Namen auf seinem Gebäude sehen will, verspricht damit höchste Qualität – und zahlt mir mindestens fünf Millionen Dollar. Dieser Preis gilt nur für den Namen, und die jeweiligen Bauherren wissen, dass er es wert ist. Dieses Gebäude wird meinen Standards entsprechen. Ich muss lachen, wenn ich an die Zeile „Was ist ein Name?" aus Shakespeares *Romeo und Julia* denke. In einem Namen kann weit mehr stecken, als der Barde oder ich selbst es uns je hätten träumen lassen.

Wir alle haben den Aufstieg von Markennamen und ihre Macht erlebt, von Levi's bis Louis Vuitton. Manche Menschen sind gegen diese Verbreitung von Markennamen und betrachten sie lediglich als eine Form der Etikettierung. Ich sehe sie als wertvolles Ventil für Kreativität.

Wenn Sie im Lauf Ihrer Karriere vor einem wirklich großen Erfolg stehen, könnte es sein, dass irgendein Snob Sie in herablassendem Ton fragt: „Sie wollen doch nicht etwa zu einem Markennamen werden, oder?" Wer so fragt, dem fehlt der große Überblick – und meistens ist er schlicht neidisch auf Ihren Erfolg.

Ich kann heute Projekte in kürzester Zeit realisieren, während ein unbekannter Bauunternehmer oder Bauherr Monate oder Jahre brauchen würde, um die Sache in Bewegung zu bringen. Bei meinen Bauprojekten sind Tausende von Menschen beschäftigt, und wenn es diese Projekte nicht gäbe, hätten sie keinen Job. Kommerz und Kunst funktionieren nicht unabhängig voneinander, sondern nur Hand in Hand. Das ist das Schöne an einem erfolgreichen Markennamen.

Der einzige Nachteil eines bekannten Namens ist, dass man Angriffen ein leichtes Ziel bietet. Die Medien müssen niederreißen, was sie aufgebaut haben; das gehört zum Journalismus – Geschichten von Helden und Schurken, von Erfolg und Misserfolg. Wenn Sie einen Markennamen haben, werden Sie angegriffen. Das ist unvermeidlich, und ich habe gelernt, damit zu leben. Wie wir in *The Apprentice** sagen: Es ist nicht persönlich gemeint, es geht nur ums Geschäft.

Zum Glück kann Zeitung lesen auch viel Spaß machen, wenn man die wirklich wichtigen Kritiker auf seiner Seite weiß. Herbert Muschamp, der Architekturkritiker der *New York Times*, ist ein Gelehrter und, wenn es um Gebäude geht, eine Autorität. Von ihm gelobt zu werden hat einen inneren, unvergänglichen Wert. Ich fühlte mich sehr geehrt, als er einen Artikel über den Trump World Tower schrieb und ihn als „Prachtexemplar eines Glasturms" bezeichnete. Außerdem schrieb er:

> „Obwohl Donald Trump nach außen gern den aggressiven Teil seiner Persönlichkeit präsentiert – Männer tun das gern – ist er doch unter den

* Anmerkung des Herausgebers: *The Apprentice* (Der Lehrling) ist eine in den USA extrem erfolgreiche Reality-Show, in deren Mittelpunkt Donald Trump steht (siehe Teil 6, Seite 221). Das TV-Format wurde 2004 auch nach Deutschland verkauft.

Bauherren in New York weit und breit der einzige Schönheitsfanatiker ... Es kann nicht überraschen, dass eine inoffizielle Anerkennung des Trump-Gebäudes vom Museum of Modern Art kam. Der Turm verkörpert die Ästhetik Mies van der Rohes, der den Geschmack der Design-Abteilung des Museums von Anfang an wesentlich geprägt hat. Ich hoffe, dass Trump diesem Baumaterial treu bleiben wird. Trump leistet bessere Arbeit, wenn er seine Kritiker ignoriert und nicht auf sie hört."

Scheuen Sie sich nicht, kräftig auf die Pauke zu hauen, wenn Sie etwas geschafft haben, das es wert ist, bekannt gemacht zu werden.

Und glauben Sie den Kritikern nicht – außer natürlich denen, die Ihre Arbeit lieben.

Trauen Sie Ihrem Gefühl

Unternehmertum ist keine Gruppenarbeit. Sie müssen auf sich selbst vertrauen. Sie mögen vielleicht erstklassige akademische Referenzen besitzen, aber ohne Instinkte werden Sie es sehr schwer haben, an die Spitze zu kommen – und dort zu bleiben.

Es ist eine dieser Grauzonen, die selbst denen ein ewiges Rätsel bleiben, die über einen ausgeprägten geschäftlichen Instinkt verfügen. Es gibt unerklärliche Zeichen, die Sie zu bestimmten Geschäften oder Personen hinziehen – oder von diesen abstoßen.

Als ich zum Beispiel Mark Burnett traf, den Autor von *The Apprentice*, wusste ich schon nach wenigen Sekunden, dass er zu hundert Prozent zuverlässig war, privat wie beruflich – und das ist in der Unterhaltungsindustrie eine bemerkenswerte Leistung.

Andererseits bin ich auch schon Menschen begegnet, gegen die ich, ohne dass es einen konkreten Grund dafür gab, eine Abneigung verspürte. Ich versuche zwar, Vorurteile zu meiden, aber ich habe inzwischen auch gute Gründe, auf meine Gefühle zu vertrauen. Carl Jung sagte, dass unser Bewusstsein, um zu funktionieren, nur fünf Prozent unserer Gehirnkapazität benötigt. Wenn wir lernen, zu diesen unbewussten, vorbewussten und ungenutzten 95 Prozent vorzudringen, können wir Erstaunliches erreichen.

Seien Sie optimistisch, aber rechnen Sie immer mit dem Schlimmsten

Es gibt immer Hochs und Tiefs, aber man kann das durchstehen, wenn man darauf vorbereitet ist.

Mit dem Auftreten von Problemen zu rechnen hat mich davor bewahrt, Energie zu verschwenden, und Sie kann es vor unangenehmen Überraschungen schützen. Es ist wie an der Börse – und wie im Leben. Hochs und Tiefs sind unvermeidlich. Versuchen Sie also, darauf vorbereitet zu sein.

Manchmal frage ich mich, ob ich eine neue, große Herausforderung annehmen sollte. Ein erheblicher Verlust ist immer möglich. Kann ich damit umgehen, wenn es nicht klappt? Werde ich mich später fragen: *Warum habe ich das bloß getan? Was habe ich mir dabei gedacht?* Ich bin tatsächlich ein sehr vorsichtiger Mensch, wobei Vorsicht etwas ganz anderes ist als Pessimismus. Nennen Sie es positives Denken, das ich ständig anhand der Realität überprüfe.

Überlegen Sie es sich gut, wenn Sie eine neue Laufbahn einschlagen wollen

Im Jahr 2000 dachte ich darüber nach, bei den amerikanischen Präsidentschaftswahlen zu kandidieren. Ich hatte einige vernünftige Vorschläge: Steuererleichterungen für die Mittelklasse, strengere Handelsvereinbarungen, das Verbot unregulierter Wahlkampfspenden und eine umfassende Gesundheitsreform. Ich stellte ein Untersuchungskomitee zusammen und traf mich mit einigen führenden Persönlichkeiten der Reformpartei, aber am Ende erkannte ich doch, dass ich mich in meinem Geschäft zu wohl fühlte, um für das Amt des Präsidenten zu kandidieren.

Ich habe in diesem Buch schon erwähnt, dass man sich nicht um klare Antworten drücken und in seinem Ausdruck unzweideutig sein sollte. Das mag für das Geschäftsleben gelten, aber in der Politik muss man seine Worte meist sehr sorgfältig abwägen. Für einen Politiker rede ich zu offen. Dann gibt es da noch meine seit langem bestehende Abneigung gegen die Begrüßung per Händedruck (mehr darüber in Kürze). Ich wäre kein sehr beliebter Kandidat gewesen. Sogar in den wenigen Monaten, als ich ernsthaft über eine Kandidatur nachdachte, bemerkte ich, dass sich das Verhalten der Leute mir gegenüber veränderte – es wurde reservierter, weniger freundlich. Zuvor war ich „The Donald" gewesen; man hatte mir zugewunken und mich angelächelt. Plötzlich war es ganz anders, und das gefiel mir nicht. Ein Mann, mit dem ich seit Jahren gut bekannt war, sah mich im Le Cirque und nannte mich zum ersten Mal im Leben „Mr. Trump". Er hatte mich sonst immer „Donald" genannt. Das gab mir wirklich zu denken.

Viele erfolgreiche Geschäftsleute glauben, sie könnten ihre Fähigkeiten als Manager auch in der Politik anwenden, aber ich habe bemerkt, dass dies nur sehr wenigen – wie Michael Bloomberg und Jon Corzine – gelingt. Den meisten anderen fehlen einige unerlässliche Eigenschaften.

Natürlich darf man ein Talent für Wahlkampf nicht mit einer Eignung für ein politisches Amt gleichsetzen, aber der wesentliche Punkt hier ist ein ganz anderer: Jeder, der sich ein wenig Neugier und Ehrgeiz bewahrt hat, wird es irgendwann reizvoll finden, sich einer neuen Herausforderung auf einem Gebiet zu stellen, das ihm nicht vertraut ist. Gehen Sie das Risiko ruhig ein, aber informieren Sie sich zuvor so umfassend wie möglich, worauf Sie sich da einlassen, und tun Sie es nur, wenn Sie wirklich sicher sein können, dass Sie für diese Aufgabe geeignet sind.

Schütteln Sie niemandem die Hand, wenn es sich vermeiden lässt

Manche Manager glauben an einen festen Händedruck. Ich glaube, dass man diese Art der Begrüßung wenn möglich vermeiden sollte. Es ist ein schrecklicher Brauch. Nur zu oft begegne ich Leuten, die ganz offensichtlich krank sind, eine schlimme Erkältung oder die Grippe haben. Sie kommen auf mich zu und sagen: „Mr. Trump, ich möchte Ihnen die Hand schütteln." Es ist eine medizinische Tatsache, dass auf diese Weise Keime übertragen werden. Ich wünschte, wir würden die japanische Sitte bei uns einführen, einander mit einer Verbeugung zu begrüßen.

Am schlimmsten ist es beim Essen. Einmal kam ein Mann aus der Toilette des Restaurants, wobei er mit den Händen durch die Luft wedelte, so als seien sie noch nass und als habe er kein Handtuch benutzt. Er sah mich, kam an meinen Tisch und sagte: „Mr. Trump, Sie sind der Größte. Darf ich Ihnen die Hand schütteln?"

Ich wusste: Wenn ich ihm jetzt nicht die Hand reiche, wird er 30 Jahre lang schlimme Dinge über mich erzählen. Wenn ich es aber tue, dann wird meine Hand in Keimen schwimmen, oder in was zum Teufel er da auch immer aus der Toilette mitgebracht hat. Ich hatte die Wahl.

In diesem Fall entschied ich mich für den Händedruck, denn ich hatte damals leichtes Übergewicht und wusste, dass ich, nachdem ich seine Hand geschüttelt hatte, mein Essen nicht mehr anrühren würde – und das wäre ein Vorteil.

Achten Sie auf die Details

Wenn Sie über das, was Sie tun, nicht bis in die kleinste Einzelheit Bescheid wissen, dann müssen Sie sich auf schlimme Überraschungen gefasst machen.

Ich habe einmal einen Artikel über einen hoch angesehenen Gehirnchirurgen in San Francisco gelesen, der für seinen Fanatismus für Details und Organisationsfragen bekannt war. Jeden Morgen beim Joggen ließ er sich alle Einzelheiten einer bevorstehenden Operation durch den Kopf gehen. Er stellte sich jedes Detail vor, so als wolle er sich an alles erinnern, was er je gelernt hatte, an jede erdenkliche Schwierigkeit oder Komplikation.

Für seine Manieren am Krankenbett war er nicht berühmt, aber er war der Beste. Falls mir je eine Gehirnoperation bevorstehen sollte, würde ich mich für einen Chirurgen wie ihn entscheiden. Man muss aber kein Gehirnchirurg sein, um auf Details zu achten.

Suchen Sie die Verbindung zum Publikum

(Die Kunst der öffentlichen Rede, Teil I)

Mein Terminkalender stellt mich seit einiger Zeit vor das Problem, den größten Teil aller Einladungen zu Reden vor Publikum absagen zu müssen. Ich spreche gern vor Publikum. Ich weiß, dass manche Menschen schon den Gedanken schrecklich finden, eine Präsentation vor dem Aufsichtsrat halten zu müssen, ganz zu schweigen von einem Auftritt vor Tausenden von Zuhörern. Ich nicht. Das Publikum gibt mir so viel Energie, dass es mir immer Spaß macht.

Ich wette, viele von Ihnen fragen sich jetzt, ob ich das einfach so behaupte, um den Eindruck zu hinterlassen, vor nichts Angst zu haben. Gut möglich, dass ich einige Momente der Anspannung und Nervosität vergessen habe. Vor Jahren war ich vielleicht noch nervös, wenn ich vor Publikum sprechen musste, aber das habe ich überwunden. Angst vor öffentlichen Auftritten kann man in den Griff bekommen. Im Folgenden gebe ich einige Ratschläge für Menschen, die glauben, Präsentationen vor Publikum, wie groß dieses Publikum auch sein mag, seien Hindernisse auf ihrem Weg zum Erfolg.

Von Natur aus gesellige Menschen sind im Vorteil. Mein Fahrer Tony kann sich noch an einen bestimmten Tag erinnern, an dem ich eine Rede halten sollte. Fünf Minuten vor dem Beginn fragte ich Tony, worüber ich an diesem Abend eigentlich reden sollte. Er konnte seinen Schock nicht verbergen und sagte: „Boss, *wissen* Sie das nicht? Da warten 20 000 Leute auf Sie!"

Ich sagte: „Ja, aber ich war sehr beschäftigt. Es wird schon gut gehen." Ich versuchte ihn zu beruhigen.

Keine Chance. Er sagte: „Wo sind Ihre Notizen? Haben Sie sich keine Notizen gemacht?"

Ich sagte: „Ich mache gerade welche."

Nichts als die Wahrheit

Verblüfft betrachtete Tony mich im Rückspiegel. Wahrscheinlich wollte er sehen, ob ich ihn veralberte. Ich tat es nicht.

Anthony Robbins, Bestsellerautor und Selbsthilfe-Guru, hatte mich gebeten, diese Rede zu halten. Ich hatte eine Menge Geld dafür erhalten, aber ich hatte ihn nie gefragt, vor wie vielen Menschen ich sprechen würde. Als ich mein Büro verließ, um nach Philadelphia zu fliegen, sagte mir meine Sekretärin, ich würde in einer Basketball-Arena sprechen, dem Wachovia Center, und man rechne mit etwa 20 000 Zuhörern. Ich sagte: „Sie machen Witze! Ich habe noch nie vor 20 000 Leuten gesprochen!"

Eine solche Situation könnte so manchen in Panik versetzen. Ich aber betrachtete mein Publikum nicht als eine geschlossene Gruppe von Menschen, die darauf warteten, ein Urteil über mich zu fällen, sondern als Individuen, die gekommen waren, weil sie sich für etwas interessierten. Dann dachte ich darüber nach, wofür sich Menschen im Allgemeinen interessieren und welche Fragen sie mir gerne stellen.

Ich war bereit. Ich spürte plötzlich, dass es für alle Anwesenden ein großartiger Abend werden würde.

Ich sprang aus dem Auto, in dem ein leichenblasser Tony zurückblieb, und ich fühlte mich bereit, mich dem Publikum zu stellen. Irgendwie sprang meine Energie auf die Zuhörer über, und was sie bekamen, war viel mehr als eine Rede. Es war ein Austausch, den keiner der Anwesenden so schnell vergessen wird. Wir verbrachten ein paar großartige Stunden miteinander, und außerdem hatte am Ende jeder das Gefühl, etwas gelernt zu haben.

Es stellte sich heraus, dass Tony Robbins ein toller Kerl war. Bevor ich ihn kennen lernte, glaubte und vertraute ich ihm nicht, aber nur deshalb, weil meine Informationen aus zweiter Hand stammten. Jetzt, da ich ihn und seine Frau kenne, pflichte ich ihm aus vollem Herzen bei – er versucht, Gutes zu tun und Menschen zu helfen. Seine Seminare sind echte Happenings, und nach unserem Erfolg in Philadelphia willigte ich in zehn weitere öffentliche Auftritte ein.

Alles in allem war es eine wertvolle Lektion in öffentlicher Rede: Denken Sie zuerst über Ihr Publikum nach. Der Rest ergibt sich dann von selbst.

Natürlich ist es auch hilfreich, wenn man nützliche Informationen mitzuteilen hat, aber sich auf die *Menschen* einzustellen ist der erste Schritt. Darin bin ich gut, es fällt mir nicht schwer. Auch in meinem Büro, wenn mehrere Leute anwesend sind, verlaufen die Gespräche nie einseitig. Ich möchte, dass sich jeder einbringt, und ich will hören, was er zu sagen hat.

Also: Beziehen Sie Ihre Zuhörer mit ein. Sie werden es Ihnen danken.

Elf Grundregeln

(Die Kunst der öffentlichen Rede, Teil II)

Es ist hilfreich, sich auf eine Rede vorzubereiten. Nach allem, was ich gerade erzählt habe, mag das zwar seltsam klingen, aber wenn Sie jeden Tag lesen und lernen, dann sind Sie eigentlich schon vorbereitet. Vielleicht nicht bis in alle Einzelheiten, aber in der Regel wird man ja gebeten, über ein Gebiet zu sprechen, auf dem man ein Experte ist, oder über ein Thema, mit dem man zumindest vertraut ist. Bereiten Sie sich mental vor. Stellen Sie sich vor, Sie säßen im Publikum. Was erwarten Sie? Sich an die Stelle eines Zuhörers zu versetzen kann Ihnen zahlreiche Ideen bringen. Sie sollten Beispiele und Quellenangaben im Kopf haben, um Ihre Argumente untermauern zu können, und diese sollten für Ihre Zuhörer so anschaulich wie möglich präsentiert werden.

Notizen sind manchmal ein nützliches Hilfsmittel, vor allem, wenn man vor einem großen Publikum spricht. Wenn Sie gut vorbereitet sind, wird niemand sagen können, ob Sie Notizen verwenden. Lesen Sie die Rede nicht von einer Vorlage ab. Aus irgendwelchen Gründen sind vorgelesene Reden meist langweilig, wie gut der Vortrag auch sein mag. Jeder sieht, dass Sie ein Manuskript vorlesen, und das ist niemals dasselbe wie eine freie Rede. Notizen bieten das Beste beider Welten: Sie bleiben konzentriert, schweifen nicht ab, wirken aber auch nicht steif.

Seien Sie ein guter Geschichtenerzähler. Die Menschen mögen Geschichten und behalten sie im Gedächtnis. Eine Rede sollte nie zu einer Vorlesung werden. Humor kann sehr hilfreich sein, denn er erinnert Sie und alle anderen daran, dass wir viel gemeinsam haben. Geschichten erzählen kann man lernen, also üben Sie es. Es ist dabei hilfreich, Comedians zuzuhören. Von den guten kann man auch viel über richtiges Timing lernen.

Finden Sie den gemeinsamen Nenner. Worin besteht die Verbindung zwischen uns allen? Wie können Sie Ihre Zuhörer in die Lage versetzen, sich auf Sie und das, was Sie sagen, einzulassen? Die Leute sehen mich als reichen und mächtigen Mann, aber, wie bei den meisten Menschen, gibt es auch in meinem Leben tägliche Routine und eine Familie. Auch ich stecke manchmal in Verkehrsstaus fest. Ich habe wunderbare Menschen kennen gelernt, aber auch richtige Dreckskerle. Ich habe schwache Momente und schlechte Tage, wie jeder andere auch. Die Zuhörer können viele Ihrer Erfahrungen verstehen und würdigen, weil sie dieselben Erfahrungen gemacht haben. Suchen Sie nach solchen Gemeinsamkeiten und beginnen Sie Ihre Rede damit. So entsteht sofort ein unsichtbares Band zwischen Ihnen und den Zuhörern, denn sie merken, dass sie sich auf Sie einlassen können.

Wenn Sie am Rednerpult stehen, sind Sie der Entertainer. Ihre Zuhörer sind gekommen, um etwas zu lernen, aber auch, um unterhalten zu werden. Elvis Presley war unter anderem deshalb ein so großartiger Entertainer, weil er alles tat, um sein Publikum mit einzubeziehen. Seine Konzerte waren ein einziges Geben und Nehmen. Wayne Newton macht es auch so. Sogar Menschen, die nie geglaubt hatten, sie würden Liberace jemals mögen, wurden seine Fans, wenn sie eine seiner Live-Shows erlebt hatten. Und niemand hat es je besser gemacht als Sinatra. Manche nennen es Charisma. Ich nenne es: das Publikum einbeziehen und ihm geben, was es erwartet.

Studieren Sie Regis Philbin. Der Showmoderator ist locker und komisch, und er bezieht sein Publikum immer mit ein. Die Leute lieben ihn. Er ist ein perfektes Beispiel für das Geben und Nehmen, das für erfolgreiches Reden vor Publikum nötig ist. Regis redet nicht einfach – er teilt seine Gedanken mit den Leuten. Als Bühnenkünstler ist er ebenso großmütig wie als Mensch. Beobachten Sie ihn, passen Sie genau auf, und Sie werden viel lernen.

Beweisen Sie Selbstironie. Das macht Sie den Menschen zugänglich, auch wenn Sie oben auf der Bühne und im Rampenlicht stehen. Jeder von uns hat schon größere und kleinere Katastrophen erlebt. Es ist gesund und hilfreich, wenn man rückblickend darüber lachen kann. Verwenden Sie die kleinen Missgeschicke, die wir alle schon erlebt haben, zu Ihrem Vorteil. Ich erinnere mich noch an eine Frage-und-Antwort-Runde im Anschluss an eine meiner Reden. Es war zu der Zeit, als Ivana und ich uns gerade scheiden ließen, was für die Klatschblätter ein gefundenes Fressen war. Als erster meldete sich ein junger Mann. Er fragte: „Sie haben doch nichts dagegen, wenn ich Sie *The Donald* nenne, nicht wahr?"

Ich antwortete: „Nein, wenn Sie nichts dagegen habe, dass ich Sie Ivana nenne."

Alle lachten von Herzen, und dann stellte er seine eigentliche Frage.

Seien Sie spontan. Reden, die in Erinnerung bleiben sollen, erfordern ein hohes Maß an Spontaneität. Es ist wie bei Verhandlungen – man muss seine Ziele im Auge behalten und doch flexibel bleiben. Viele Menschen können hervorragend schreiben, sind aber bei weitem nicht so gut darin, ihre Ideen mündlich vorzutragen. Schreiben ist eine Form des Denkens, und Sprechen ist es ebenfalls. Der Unterschied liegt darin, dass man am Rednerpult keine Zeit hat, zurückzugehen und sich zu korrigieren. Ein Vortrag ist weder ein erster Entwurf noch eine Generalprobe. Bereiten Sie sich gut darauf vor, denn das erwartet man von Ihnen.

Halten Sie im Alltagsleben die Ohren offen. Jeder Tag kann eine Vorbereitung auf einen Vortrag oder eine Präsentation sein. Haben Sie sich je gedacht „das muss ich mir merken", nachdem jemand etwas besonders Kluges oder Ungewöhnliches gesagt hatte? Sogar im Vorbeigehen aufgeschnappte, beiläufige Bemerkungen können nützlich sein. Merken Sie sich solche Dinge. Wenn nötig, machen Sie sich Notizen. Alles und jeder kann Material für eine Rede liefern. Ich stand einmal im Fahrstuhl hinter einer Gruppe junger Männer. Ihr Gespräch war so lebendig, so real, dass ich aufmerksam zuhörte und mich fragte, warum sie meine Aufmerksamkeit auf sich gezogen hatten. Abgesehen davon, dass ich ihr Gespräch zwangsläufig mit anhören musste, bemerkte ich, dass ihr Sprechrhythmus kurz, schnell und auf den Punkt gebracht war. Was sie sagten, war nicht besonders faszinierend, aber wie sie es sagten. Das machte ein normalerweise banales Thema – was und wie sie zu Mittag essen würden – scheinbar interessant.

Machen Sie sich ein paar schöne Stunden. Es ist ansteckend. Wenn Ihre Zuhörer glauben, dass der Vortrag Ihnen selbst Spaß macht, dann werden sie es genießen, dabei zu sein. Wenn Sie überhaupt keine Lust dazu haben, dann vergessen Sie die Sache und suchen Sie jemanden, der an Ihrer Stelle spricht. Falls Sie ein viel beschäftigter Manager sind, dann gibt es in Ihrem Unternehmen wahrscheinlich jemanden, der diese Aufgabe problemlos übernehmen kann. Manchmal werde ich eingeladen, einen Vortrag zu halten, aber mein Terminkalender lässt es nicht zu. Dann frage ich einen meiner Mitarbeiter, ob er Interesse daran hat. Charlie Reiss, der für Bauprojekte zuständige Vizepräsident meines Unternehmens, war früher Professor an der Columbia University. Er ist ein dynamischer Redner, aber ich hätte das nie erfahren, hätte ich ihn nicht gebeten, an meiner Stelle einen Vortrag zu halten, weil ich unabkömmlich war. Er hat ein Talent für das Sprechen vor Publikum, weil er gerne lehrt und seine Arbeit mit Leidenschaft tut. Zunächst war ich besorgt, er könne wegen seines akademischen Hintergrunds ein wenig pedantisch wirken, aber das war nicht der Fall. Alle Anwesenden hatten viel Spaß.

Ein weiterer wichtiger Punkt, wenn Sie Spaß an Ihrem Vortrag haben wollen: Erinnern Sie sich vor dem Beginn der Rede daran, dass sie tatsächlich gar nicht so furchtbar wichtig ist. Sie dürfen nicht denken, das ganze Gewicht der Welt laste auf Ihren Schultern. Die meisten Menschen im Saal interessiert es herzlich wenig, wie gut oder wie schlecht Sie sprechen. Es ist einfach nicht so wichtig. Es ist nur eine Rede – kein Krieg und kein Erdbeben. Sie werden mehr Spaß haben und ein besserer Redner sein, wenn Sie sich darüber im Klaren sind.

Trotzdem können öffentliche Vorträge und Präsentationen ein notwendiger Schritt auf Ihrem Weg zum Erfolg sein. Hier noch einmal kurz meine Vorgehensweise, wie Sie ein Talent in sich entdecken können, von dem Sie bisher nichts wussten:

1. Denken Sie zuallererst über Ihr Publikum nach.
2. Beziehen Sie Ihre Zuhörer mit ein.
3. Seien Sie vorbereitet.
4. Seien Sie ein guter Geschichtenerzähler.
5. Finden Sie den gemeinsamen Nenner.
6. Seien Sie ein Entertainer.
7. Bringen Sie es fertig, über sich selbst zu lachen.
8. Seien Sie spontan.
9. Hören Sie zu.
10. Machen Sie sich ein paar schöne Stunden.

Und, natürlich:

11. Studieren Sie Regis Philbin.

Verändern Sie Ihre Flughöhe

Wenn ich *Flughöhe* sage, spiele ich damit nicht auf meinen Privatjet an. Es handelt sich dabei vielmehr um meine Interpretation des Wortes *Einstellung*. Ich fliege gern, weil ich auf diese Weise schnell an mein Ziel komme. Wer die richtige Einstellung hat, kommt ebenfalls an sein Ziel – und zwar auch schnell.

Wie sieht es mit der Flughöhe Ihrer Einstellung aus? Ist die Frequenz hoch oder niedrig? Eine hohe Frequenz wird Sie auf eine Wellenlänge bringen, die Selbstvertrauen und klarsichtige Leidenschaft auslöst. Ich glaube fest daran, dass damit bei jeder erdenklichen Unternehmung der Erfolg schon halb geschafft ist.

Ich bin ein hartnäckiger Optimist. Vor langer Zeit habe ich gelernt, dass ich meine Produktivität enorm steigern kann, wenn ich negative Gefühle aller Art so schnell wie möglich los werde. Ich bekenne mich ohne Einschränkungen dazu, Höchstleistungen anzustreben. Dieses Bekenntnis ist so absolut, dass es die Wellenlänge negativer Gefühle sofort ausblendet. Früher musste ich solche Empfindungen mental abschalten. Heute prallen sie einfach an mir ab, wenn sie in meine Nähe kommen. Vielleicht haben Sie schon gelesen, dass ich Keime und Bakterien nicht mag. Ich befinde mich noch immer auf einem persönlichen Kreuzzug mit dem Ziel, den bei uns obligatorischen und unhygienischen Händedruck durch die japanische Sitte zu ersetzen, einander mit einer Verbeugung zu begrüßen. Für mich sind Keime nur eine andere Form von Negativität.

Negative Gefühle sind auch eine Art von Furcht, und Furcht kann lähmen. Auf dem Golfplatz haben mir schon einige hervorragende Spieler erzählt, dass sie einfach nicht einlochen können. Sie können den Ball 270 Meter weit schlagen, genau durch die Mitte des Fairway, aber sie können das Loch nicht abschließen, indem sie den Ball aus einem Meter Entfernung einlochen.

Vor kurzem spielte ich mit einem Mann, der einen Horror vor dem Einlochen hat. Er machte einen wunderbaren Schlag über mehr als 200 Meter, und der Ball blieb etwa zwei Meter neben dem Loch liegen. Er schaute zu mir herüber und sagte: „Jetzt beginnt der schwierige Teil."

Ein anderer Freund, ebenfalls ein hervorragender Golfspieler, wird von der Furcht gelähmt, seinen Ball zu verschlagen. Immer, wenn wir in der Nähe eines Wasserhindernisses spielen, blickt er zu Boden und sagt zu seinem Ball: „Ich habe das Gefühl, dass wir uns nie wieder sehen werden."

Ich habe diesen beiden Männern gesagt, dass sie endlich anfangen müssen, positiv zu denken, wenn sie sich nicht selbst sabotieren wollen.

Negatives Denken erwächst sehr oft aus mangelndem Selbstbewusstsein. Daran muss jeder selbst arbeiten. Vielleicht haben Sie viele harte Schläge einstecken müssen. Ich habe gelernt, damit umzugehen, weil ich oft Schläge abbekomme. Betrachten Sie sie einfach als das, was sie sind – Schläge. Aber Sie müssen ihnen nicht Tür und Tor öffnen, wenn Sie das nicht wollen. Ich bin an einem Punkt angelangt, an dem ich solche Schläge als Chancen betrachte – und als wertvolle Erkenntnis über denjenigen, der sie austeilt.

Eine Möglichkeit, eine niedrige Flughöhe zu verändern: Denken Sie daran, wie gut es Ihnen schon jetzt geht und auf wie viele Dinge Sie sich noch freuen können. Jeder Tag kann der beste Tag Ihres Lebens werden – jederzeit. Höchst überraschende Dinge können geschehen, doch sie müssen – ich wiederhole: Sie *müssen* – diesen Dingen gegenüber offen sein. Wie wollen Sie jemals fliegen, wenn Sie sich selbst die Flügel gestutzt haben?

Ich habe nicht genug Zeit, um so vielen Leuten Mut zuzusprechen, wie ich es gerne täte. Aber immer, wenn ich es für richtig halte, empfehle ich *The Power of Positive Thinking* von Norman Vincent Peale. Es gehörte zu den Lieblingsbüchern meines Vaters, und auch zu meinen. Manche mögen es für altmodisch halten, aber Peale hat unvergängliche Wahrheiten formuliert. Er verficht die These, dass Vertrauen eine Lähmung überwinden kann, die durch Furcht ausgelöst wurde.

Ich erinnere mich noch an die Zeit, als ich Schulden in Milliardenhöhe hatte und eine Entscheidung treffen musste. Es gab zwei mögliche Handlungsweisen: eine ängstliche, defensive und eine vertrauensvolle, riskantere. Ich analysierte die Situation sorgfältig, stellte fest, was dieses unangenehme Gefühl von Furcht in mir auslöste und ersetzte es sofort durch blindes Vertrauen, weil ich damals einfach keine andere Wahl hatte. Dann nahm ich mir vor, alles werde gut gehen, solange ich positiv und diszipliniert bleiben würde.

Viel mehr konnte ich nicht tun. Ich wusste nicht, wie die Sache ausgehen würde, aber ich war fest entschlossen, vorwärts zu schreiten, obwohl das nicht einfach war. Innerhalb recht kurzer Zeit verbesserte sich meine Lage entscheidend. Ich habe viel dabei gelernt, und seither verstehe ich besser, was Mut wirklich bedeutet. Ohne die Konfrontation mit meiner eigenen Furcht hätte ich es nie erfahren.

Wenn ich an jemanden denke, der hart im Nehmen ist, dann denke ich auch an einen mutigen Menschen. Wer durchhält, hat Mut, denn aufzugeben ist oft wesentlich einfacher. Behinderte Kinder gehören zu den tapfersten Menschen, die ich je gesehen habe. Ich engagiere mich für das Hilfswerk United Cerebral Palsy. Was diese Kinder durchmachen müssen, ist erniedrigend, aber sie sind voller Leidenschaft und freuen sich über jeden Tag, der ihnen geschenkt wird.

Auch Ihnen ist ein Tag geschenkt worden. Versuchen Sie es so zu sehen, wenn es Ihnen schlecht geht. Jeder Tag bedeutet eine neue Chance. So banal es klingen mag, aber manchmal müssen wir die Dinge wirklich so nehmen, wie sie kommen. Unmittelbar nach den Ereignissen vom 11. September 2001 wussten wir nicht, was geschehen würde; aber wir machten weiter, Tag für Tag, und wir bewegen uns noch immer vorwärts.

Vielleicht haben Sie einen Punkt erreicht, an dem Sie denken, Sie könnten Ihr Leben keinen Tag länger aushalten. Das ist eine kurzsichtige Denkweise. Sie haben das große Bild nicht im Auge. Sie stehen auf der Startbahn, und Ihr Problem ist Treibstoffmangel. Ohne Treibstoff werden Sie nicht vom Boden abheben können. Wenn Sie sich selbst mit positiven Gedanken versorgen, können Sie jederzeit abheben.

Haben Sie sich je gefragt, was bestimmte Menschen aufrecht erhält? Ich habe es getan. Abraham Lincoln erlitt einen Rückschlag nach dem anderen, aber er ließ sich dadurch nicht von seinem Weg abbringen. Nichts konnte ihn beirren. Er muss sehr viel Vertrauen in sich gehabt haben, denn viel Unterstützung von außen bekam er nie. Er ist ein ausgezeichnetes Beispiel für einen Menschen, der niemals aufgegeben hat.

Das andere Extrem ist ein Mensch, der mit traumwandlerischer Sicherheit in jedes Hindernis hineinrennt. Ich kannte einmal einen Mann, der eine bemerkenswerte Neigung dazu hatte, in Unfälle verwickelt zu werden. Wenn es ein Hindernis gab, dann fand er es. Wenn es ein Loch im Boden gab, stolperte er hinein und brach sich den Fuß dabei.

Einmal erlitt er einen so schweren Unfall, dass er sechs Monate im Krankenhaus verbringen musste, ehe er vollständig genesen war. Endlich kam der Tag seiner Entlassung aus dem Hospital, und man beschloss, ihn im Krankenwagen nach Hause zu bringen – sicherheitshalber. Auf der Fahrt zu seinem Haus stieß der Krankenwagen mit einem Auto zusammen – schon wieder ein schwerer Unfall. Mein Freund wurde sofort ins Hospital zurückgebracht – in einem anderen Krankenwagen, den man schnell zur Unfallstelle geschickt hatte. Was soll man dazu sagen? Vielleicht ist er wirklich ein echter Pechvogel. Vielleicht ist er auch ein Verlierer. Ich weiß, dass das hart klingt, aber sehen wir den Tatsachen ins Auge: Manche Leute *sind* geborene Verlierer.

Die Flughöhe von Verlierern ist so niedrig, dass sie den ganzen Tag in Taucheranzügen herumlaufen sollten. Ihre Flughöhe liegt nämlich unterhalb des Meeresspiegels. Wir alle kennen solche Menschen. Vielleicht könnten sie großartige Komiker werden, weil sie so viel zu erzählen haben – aber zunächst einmal müssten sie lernen, komisch zu sein. Ganz ehrlich: Ich habe Menschen kennen gelernt, die derart vollkommene Verlierer sind, dass ich glaube, sie widmen ihre Zeit folgenden Zielen:

- *Wie kann ich der größte Versager aller Zeiten werden?*
- *Wie kann ich beweisen, dass die* Theorie vom geborenen Verlierer *zutrifft?*
- *Wie kann ich die Wahrscheinlichkeitsgesetze so aushebeln, dass* jede *meiner Handlungen zu einem* völligen *Desaster führt?*
- *Wie erreiche ich die perfekte Bilanz an totalen Flops?*
- *Wie weit komme ich mit einer Geschwindigkeit von null Stundenkilometern?*
- *Wie kann ich die niedrigstmögliche Frequenz erreichen?*

- *Wie kann ich so vorgehen, dass Radarstrahlen mich nicht entdecken, falls ich mich verirre – was mir höchstwahrscheinlich passieren wird?*

Diese Menschen brauchen einen neuen Tachometer.

Gehen Sie los. Schreiten Sie voran. Setzen Sie sich hohe Ziele. Planen Sie, vom Boden abzuheben. Sitzen Sie nicht auf der Startbahn herum und warten darauf, dass jemand vorbeikommt und das Flugzeug anschiebt. Das wird einfach nicht passieren.

Verändern Sie Ihre Einstellung und gewinnen Sie an Flughöhe. Glauben Sie mir: Dort oben wird es Ihnen gefallen.

Stellen Sie sich positive Dinge vor

Positive Gedanken schaffen positive Bilder in Ihrer Vorstellung. Haben Sie schon einmal jemanden sagen hören „Ich kann es *sehen*!“, wenn er sich für etwas begeisterte? Ich weiß aus Erfahrung: Wenn ich etwas als Möglichkeit sehen kann, ist die Wahrscheinlichkeit, dass es tatsächlich geschehen wird, weit höher, als wenn ich es nicht sehen kann.

Geben Sie Ihrem höheren Selbst von Zeit zu Zeit eine Chance und steigern Sie somit die Wahrscheinlichkeit, dass positive Dinge geschehen.

Wenn Sie stets ein Buch mit inspirierenden Zitaten griffbereit haben, können Sie eine negative Wellenlänge verändern, sobald sie auftritt. Hier sind einige meiner Lieblingszitate:

Versuche alles über das zu wissen, was du tust.
– Mein Vater Fred Trump

Ich kenne den Preis des Erfolgs: Hingabe, harte Arbeit und der unerschütterliche Glaube an die Dinge, die man verwirklichen möchte.
– Frank Lloyd Wright

Ein Führer darf eine Niederlage erleiden,
aber er darf niemals überrascht werden.
– Napoleon

Bei diesem Thema sollten wir alle Spitzfindigkeiten vermeiden.
– Charlie Reiss, *Executive Vice President of Development The Trump Organization*

Ihr Anblick wird frei, nur wenn Sie in Ihr Herz schauen.
Wer draußen schaut, träumt.
Wer nach innen schaut, erwacht.
– Carl Jung

„Aufregend“ ist eine Untertreibung,
wenn man unser Geschäft beschreiben will.
– Fred Trump

Du bist der Einzige, dem man es durchgehen lässt,
wenn er im Kaschmirmantel zu einem Baseballspiel kommt.
– Regis Philbin

Vorstellungskraft ist wichtiger als Wissen.
– Albert Einstein

Beständige Anstrengung – nicht Kraft oder Intelligenz –
ist der Schlüssel zur Entfaltung unserer Möglichkeiten.
– Winston Churchill

Ich kann mich noch an die Zeiten erinnern, als *ich* The Donald war.
– Donald Duck

*"I remember when **I** was the Donald!"*

Cartoon in THE NEW YORKER

Lesen Sie Carl Jung

Ich finde es nützlich, Bücher über Psychologie und Selbsthilfe zu lesen. Carl Jungs Theorien faszinieren mich und halten meine Augen offen für mein Unbewusstes und das kollektive Unbewusste.

Die Lektüre seiner Bücher kann auch eine gute Form der Selbstverteidigung sein.

Es gibt vieles, das wir über uns selbst nicht wissen. Und auf ähnliche Weise gibt es vielleicht auch vieles, das wir über andere nicht wissen. Jung verwendete das Wort *Psyche* im Zusammenhang sowohl mit bewussten als auch mit unbewussten Prozessen. (Daher kommt übrigens auch das Wort *Psychopath.*) Ich wurde auf Jung durch einen Bekannten aufmerksam, der extreme Schicksalsschläge erlitten hatte und dennoch gelassen geblieben war. Ich konnte mir nicht erklären, wie ihm das trotz aller Widrigkeiten gelang, also fragte ich ihn. Er erklärte mir, dass Jungs Ideen ihm die Kraft dazu gegeben hatten.

Mein Freund drückte es so aus: „Donald, ich habe aus meinen Erfahrungen gelernt. Aus Sicherheitsgründen betrachte ich andere Menschen oft als Revolver, der auf mich gerichtet sein könnte. Sie sind der Revolver, aber ich bin der Abzug. Daher spreche und benehme ich mich umsichtig. Das ist ein wirkungsvolles visuelles Hilfsmittel zur Konfliktvermeidung, denn ohne es zu wissen, war ich unter Leute geraten, die hinter ihren würdevollen Masken echte Psychopathen waren. Wir wissen nie, wodurch der Killerinstinkt eines anderen Menschen ausgelöst wird. Vielleicht ist es etwas, das er im Alter von fünf Jahren erlebt hat. Hüte dich also davor, den Abzug auszulösen; dann ist der Revolver keine Bedrohung."

Diese Zusammenfassung seiner Philosophie beeindruckte mich so sehr, dass ich sofort begann, Bücher über Carl Jung zu lesen. Ich bin froh darüber, denn das half mir privat wie beruflich. Wir alle sind Menschen, die sich weiterentwickeln, und diese Erkenntnis hat mich der Reife einen großen Schritt näher gebracht. Ich neige heute auch weit weniger als früher dazu, mich von so genanntem abweichendem Verhalten irritieren zu lassen. Ich muss betonen, dass ich kein Zyniker bin, aber ich bin wachsam. Ich hasse Situationen, in denen ich mich frage: *Wie konnte das passieren?* Das erinnert mich an mein Lieblingszitat zu diesem Thema. Es stammt von Napoleon. Ein guter Führer darf sich nicht überraschen lassen.

Um ein effektiver Führer zu sein, muss man sich selbst ebenso gut kennen wie andere. Für mich war die Lektüre der Werke Carl Jungs ein Schritt in die richtige Richtung. Hätte mir an der Business School jemand erzählt, das Studium der Psychologie sei wichtig für finanziellen Erfolg – ich hätte ihm nicht geglaubt.

Die Erzählung meines Freundes änderte das, und ich bin ihm für diesen klugen Rat dankbar. Die wenigen Stunden, die ich mit der Lektüre von Jungs Werken verbracht habe, waren den Aufwand mehr als wert. Beginnen Sie mit seiner Autobiografie *Erinnerungen, Träume, Gedanken*. Sie werden fasziniert sein und gleichzeitig Ihre Intuition und Ihre Instinkte trainieren. Sie werden auch eine Technik erlernen, die Menschen um Sie herum zu durchblicken, statt etwas in sie hinein zu lesen. Glauben Sie mir: Das wird Ihnen in vielerlei Hinsicht helfen.

Das Wort *Persona* hat interessante Wurzeln. Es kommt vom gleichlautenden lateinischen Wort, das so viel wie „Maske“ bedeutet. Das ist allerdings keine Herabwürdigung. Es ist notwendig. Jeder von uns hat eine Persona. Wir brauchen sie zum Überleben. Es ist das Gesicht, das wir in der Öffentlichkeit zeigen, ob bewusst oder unbewusst. Ein Beispiel: Ein Handelsvertreter, der seine ganze Familie durch einen Unfall verloren hat, ist natürlich am Boden zerstört. Um bei seinen Kunden Erfolg zu haben, muss er allerdings fröhlich und zuversichtlich auftreten. Das ist ein Teil seiner Persona. Ein Werkzeug zum Überleben.

Die einzige Gefahr besteht darin, dass Menschen mit ihrer Persona verschmelzen können. Das bedeutet, dass an einem bestimmten Punkt etwas abgetrennt worden ist, und dass solche Menschen sich schließlich hinter der falschen Persönlichkeit verstecken, die sie in der Öffentlichkeit und im Beruf darstellen. Da ich sehr stark im Blickpunkt der Öffentlichkeit stehe, traf mich diese Erkenntnis hart, und ich habe viel darüber nachgedacht. Zum Glück ist mir der öffentliche ebenso wie der private Teil meiner Persönlichkeit sehr bewusst. Ich neige nicht dazu, viel zu verbergen, aber ich weiß, dass ich in mehreren Dimensionen operiere. Das ist einer der Gründe, warum ich mich in meinem Unternehmen zuhause fühle. Die Menschen, mit denen ich täglich arbeite, wissen sehr gut, dass das Glamouröse nur ein Teil meiner Persönlichkeit ist. Sie sehen, wie hart ich arbeite. Jemand sagte einmal, ich sei fast wie ein Mormone, und ich verstand das als großes Kompliment.

Wie dem auch sei, durch die Lektüre von Jungs Werken werden Sie viel über sich selbst und über die Art erfahren, wie Sie und andere Menschen sich verhalten.

Pflegen Sie Ihr Ego

Wie Sie wissen, ist es mir nie schwer gefallen, mich an diese Regel zu halten. Aber hören Sie zu: Ich habe gute Gründe dafür.

Im Gegensatz zur allgemein verbreiteten Meinung ist ein stark entwickeltes Ego eine positive Eigenschaft. Es ist das Zentrum unseres Bewusstseins und vermittelt uns einen Sinn für den Zweck unserer Handlungen. Ich habe einmal zu jemandem gesagt: „Zeigen Sie mir einen Menschen ohne Ego, und ich zeige Ihnen einen großen Verlierer." Ich wollte ihn reizen und eine Reaktion provozieren, aber später verstand ich, worum es dabei eigentlich geht.

Das Ego hält unser Bewusstes und unser Unbewusstes im Gleichgewicht. Ein Übergewicht einer der beiden Seiten kann sehr schädlich sein. Kein Ego bedeutet wenig Lebenskraft, zuviel davon führt zu einer diktatorischen Persönlichkeit. Halten Sie Ihr Ego in einem gesunden Gleichgewicht; in Ihrem eigenen Interesse und zum Wohl der Menschen um Sie herum. Streben Sie nach Ganzheit. Das ist ein intelligenter Zugang zum privaten und zum beruflichen Leben.

Es ist sehr hilfreich, wenn man weiß, wie Egos funktionieren. Haben Sie schon einmal bemerkt, wie sehr Sie einem Gegner die Luft ablassen können, indem Sie einfach sagen: „Na ja, wenn Sie meinen...!" Damit nehmen Sie eine Position ein, in der Sie Ihr Ego aus dem Spiel nehmen. Das entwaffnet den anderen und nimmt ihm gleichzeitig den Wind aus den Segeln. Und es gibt ihnen den nötigen Seelenfrieden, um sich auf Wichtigeres zu konzentrieren, als sich mit jemandem abzugeben, der versucht, sich als Gott aufzuspielen.

Statt die direkte Konfrontation mit einem Tyrannen oder einem Psychopathen zu suchen, ist es manchmal viel wirkungsvoller, wenn Sie Ihr Wissen für sich behalten und hinter den Kulissen entsprechend agieren.

Wir alle haben gehört, dass Wissen Macht ist. Die intelligente Anwendung dieser Macht ist im Geschäftsleben von größter Bedeutung – und im Privatleben ist sie es auch. Ihr Verstand kann Schlösser errichten – aber sorgen Sie zunächst dafür, dass die Fundamente in Ordnung sind. Sie und die Menschen in Ihrem Umfeld werden dafür noch dankbar sein.

Betrachten Sie Kritiker mit nüchternem Blick

In jedem Beruf werden Sie irgendwann kritisiert. Sehen wir es, wie es ist: Abgesehen von einem totalen Masochisten lässt sich niemand gern kritisieren.

Es gibt konstruktive und destruktive Kritik. Hier einige Ratschläge, wie Sie beide Arten einschätzen können:

1. Zuallererst spielt die Herkunft eine Rolle: Ist die Meinung dieser Person von irgendwelcher Bedeutung für Sie?
2. Falls ja, sollten Sie darüber nachdenken, ob Sie etwas Nützliches aus dieser Kritik lernen können. Andere bemerken oft Dinge, die wir selbst übersehen haben. Nutzen Sie deren Aufmerksamkeit zu Ihrem Vorteil.
3. Kritiker verfolgen bestimmte Zwecke. Manchmal dienen sie einem höheren Zweck, manchmal nur ihrem eigenen. Simon Cowell, der in der Jury der Casting-Show *American Idol* sitzt, äußert sich manchmal sehr kritisch über die Leistungen der Kandidaten, aber er ist fair und ehrlich, und *American Idol* würde ohne ihn wohl gar nicht funktionieren. Simon war so nett, *The Apprentice* in einem Interview zu loben: „Ich halte die Show für absolut fantastisch", sagte er der *Daily News*. „Meiner Meinung nach spielt (Trump) seine Rolle sehr gut. Er übertreibt nicht. Er spielt nur sich selbst, und im Fernsehen ist das sehr schwer." Wie gesagt, Simon ist ein fairer und ehrlicher Kritiker. Ich gehöre zu seinen Fans.
4. Jeder hat eine Meinung. In den meisten Fällen ist diese Meinung aber das Papier nicht wert, auf das sie geschrieben wird.

5. Falls die Meinung das Papier doch wert ist und in einer Zeitung steht, welche die Leute kaufen und lesen, dann sollten Sie eines bedenken: Wenn die Kritiker dächten, Sie seien nicht interessant genug für das breite Publikum, dann würden Sie sich nicht die Zeit nehmen, Sie zu kritisieren. Betrachten Sie die Kritik als Kompliment und als Beweis Ihrer Bedeutung.

Sie müssen Ihre Hausaufgaben machen, denn die Prüfung *wird* kommen

Menschen, die glauben, der Weg zum Erfolg verlaufe linear von A bis Z, immer geradeaus nach oben, haben keine Ahnung von der Wirklichkeit. Es gibt nur sehr wenige glaubwürdige Erfolgsgeschichten, die sich über Nacht ereignet haben. So funktioniert es einfach nicht.

Der Eindruck vom Erfolg über Nacht entsteht deshalb, weil die Medien uns mit Geschichten über zuvor völlig Unbekannte versorgen, die plötzlich berühmt geworden sind. Aber denken Sie an einen Mammutbaum, der Hunderte von Jahren alt ist. Wenn ein Fernsehteam eines Tages einen Film über diesen Baum dreht, dann bedeutet das nicht, dass er zuvor nicht existiert hat.

1955 wurde Glenn Gould, der klassische Pianist aus Toronto, schlagartig weltberühmt, nachdem er Bachs Goldberg-Variationen eingespielt hatte. Er war ein junger, außergewöhnlicher Mann, aber er hatte schon seit fast 20 Jahren sein Klavierspiel perfektioniert. Für die breite Öffentlichkeit sah es so aus, als sei sein Erfolg über Nacht gekommen. Wer aber 20 Jahre lang an etwas gearbeitet hat, wird dieser Einschätzung wohl nicht zustimmen.

Ich muss gestehen, dass mein Wissen über klassische Musik begrenzt ist, aber nach allem, was ich darüber gelesen habe, ist der Weg zum klassischen Musiker lang und anspruchsvoll. Um ein Instrument zu beherrschen, muss man ungezählte Stunden üben, und dieser Prozess ist nie abgeschlossen. Wie schaffen die Musiker das? Ich bin mir nicht sicher, aber Leidenschaft spielt dabei wohl eine bedeutende Rolle.

Jede Branche und jeder Beruf stellt bestimmte Anforderungen an den, der erfolgreich sein will. Wenn man nicht bereit ist, jeden Tag zu üben, kann man unmöglich Musiker werden. Wenn Sie das Training hassen, sind Sie als Athlet eine Fehlbesetzung.

Im Geschäft – in jedem Geschäft – lautet diese Mindestanforderung: Man muss den Prozess verstehen. Wer ihn nicht versteht, wird nie die Früchte dieses Prozesses ernten können. Sie werden nicht lange genug an Ihrem Platz sein, um Ihren Erfolg „über Nacht“ zu erleben.

Ein Teil dieses Prozesses besteht darin, seine Hausaufgaben zu machen. Zunächst müssen Sie wissen, worauf Sie sich überhaupt einlassen. Das war einer der wichtigsten Grundsätze meines Vaters. Wir alle haben schon einmal den Satz gehört: „Du bellst den falschen Baum an.“ Eine lustige Vorstellung, aber in der Realität kann das sehr unangenehm sein. Wer seine Hausaufgaben nicht macht, kann in so eine Lage geraten. Erledigen Sie also zunächst ein paar Dinge, um das zu vermeiden.

Wir lernen aus unseren Fehlern, aber es ist besser, von unseren Erfolgen zu lernen. Wenn ich Menschen sagen höre, „Nun, es war eine interessante Erfahrung“, dann kann ich fast mit Sicherheit annehmen, dass sie von etwas sprechen, das nicht wie geplant funktioniert hat. Ich selbst finde meine Schnitzer weder amüsant noch interessant.

Können Sie sich vorstellen, dass ein Chirurg sagt: „Na ja, es hat nicht ganz geklappt, aber ich habe viel dabei gelernt“? Von einem solchen Mann möchte ich mich nicht operieren lassen. Dasselbe gilt für jeden, der im Geschäftsleben steht, denn hier geht es nicht nur um *Ihr* Geld, sondern sehr oft auch um das Geld und um das Wohlergehen anderer. In meinem Geschäft kann ich keine Risiken eingehen. Wenn bei der Planung oder beim Bau eines Wolkenkratzers irgendein Fehler unterläuft, können viele Menschen verletzt werden oder ihr Leben verlieren. Ich *muss* wissen, was los ist. Letzten Endes trage ich die Verantwortung.

Die Leute sehen nur das fertige Produkt: Toll, ein Wolkenkratzer! Seine Entstehung ist etwas ganz anderes. Ein Gebäude zu errichten ist nichts Glamouröses. Es ist eine ernsthafte und gefährliche Arbeit. Zum Glück ist mir das seit meinen Anfängen in dieser Branche bewusst, und daher kommt auch die Nüchternheit, mit der ich die Konstruktion jedes einzelnen Gebäudes angehe.

An diesem Punkt wirkt es sich sehr positiv aus, dass ich gelernt habe, meine Hausaufgaben zu machen. Das ist eine unerlässliche Voraussetzung, keine freiwillige Übung, um meine Produktivität zu steigern. Ich muss nicht nur selbst ganz genau wissen, was ich tue, ich muss auch Bauunternehmen beauftragen, die ihrerseits ganz genau wissen, was sie tun. Darum stelle ich höchste Anforderungen an diese Vertragspartner, ebenso wie an mich selbst. Bei unseren Vorhaben stehen viele Menschenleben auf dem Spiel. Wir wollen keine „interessanten" Erfahrungen machen!

Wir alle wissen, was es heißt, nur halbherzig zu lernen. Schon in der Schule gibt es Fächer, die uns einfach nicht interessieren. Bei Ihrer Berufswahl sollten Sie darauf achten. Wofür interessieren Sie sich wirklich?

Denken Sie an eine Pyramide. Haben Sie schon einmal bemerkt, wie groß und solide das Fundament ist? Haben Sie die sorgsam abgemessenen Stufen bemerkt, die schließlich zur Spitze führen? Stellen Sie die Pyramide jetzt auf den Kopf und betrachten Sie sie als Symbol für eine Denkweise, die das Unterste zuoberst kehrt. Man beginnt nicht an der Spitze. Man beginnt mit dem Fundament – und je stärker es ist, desto besser.

Die Welt bewegt sich so schnell voran, dass wir die Geduld verlieren, wenn etwas langsam passiert. Denken Sie an die Schlange vor der Kasse im Supermarkt oder an den Zugang zum Internet. Wir sind denjenigen Dingen gegenüber intolerant geworden, die man nicht beschleunigen oder ganz einfach weglassen kann. Ich kann die Arbeiten am Fundament eines Gebäudes nicht beschleunigen; ebenso wenig wie ich erwarten darf, wie Glenn Gould Klavier zu spielen, nur weil ich es gerne möchte.

Bei allem, was Sie tun, sollten Sie sich über die Grenzen und die Möglichkeiten im Klaren sein. *Sie selbst* müssen über Ihre Vorhaben so viel wie möglich in Erfahrung bringen. Niemand wird sich verhalten, wie Ihre Lieblingsgroßmutter und nur in Ihrem Interesse handeln. Die meisten Leute wollen ein optimales Ergebnis für *sich selbst* erzielen, nicht für Sie. Und wenn diese Menschen schon so viel Mühe darauf verwendet haben, ihre Hausaufgaben zu erledigen, warum sollten sie dann den Erfolg mit Ihnen teilen?

Tischtennis

Hören Sie sich ein Tischtennismatch an

Ich habe schon vor langer Zeit gelernt, zuzuhören, und zwar auf eine umsichtige Art und Weise. Man kann von den Menschen um sich herum eine Menge lernen, wenn man alle Informationen kritisch auswertet. Ein großer Teil der so genannten Informationen, die ich erhalte, ist nichts anderes als die persönliche Meinung irgendeines Menschen. Wir alle haben das Recht auf eine eigene Meinung – aber manchmal ist sie eben auch nicht mehr als das.

Bleiben Sie stets aufmerksam, was um Sie herum geschieht. Aus diesem Grund lese ich mehrere Stunden am Tag. So lange dauert es eben, wenn man sich über aktuelle Ereignisse auf dem Laufenden halten und von den bedeutenden Menschen in der Geschichte lernen will. Wie können Sie auf Erfolg hoffen, wenn Sie nur eine vage oder überhaupt keine Vorstellung davon haben, was in der Welt vor sich geht? Ebenso gut könnten Sie sagen: „Ich weiß, was am 11. September 2001 passiert ist. Aber ich nehme es lieber nicht zur Kenntnis, weil es im Widerspruch zu meiner positiven Grundeinstellung steht." Gegen eine solche Haltung ist nur dann nichts einzuwenden, wenn Sie Ihr Geld damit verdienen, Märchen zu schreiben.

Jedes Ding hat zwei Seiten, und daher sollten Sie sich darin üben, die zweite Seite zu sehen – oder sie zu hören. Ich habe einmal eine junge Frau aus Hongkong kennen gelernt. Sie arbeitete an der Wall Street und beschäftigte sich mit dem Börsengeschehen in den Schwellenländern oder Emerging Markets. Sie besaß eine unheimliche Fähigkeit, Börsenentwicklungen zu prognostizieren. Ich konnte mir diese Gabe nicht erklären.

Eines Tages fragte ich sie nach dem Grund für die Zielsicherheit ihrer Prognosen, und sie verglich die Vorhersage des Börsengeschehens damit, einem

Tischtennismatch *zuzuhören*. Zuerst dachte ich, sie wolle einen Scherz machen oder meiner Frage ausweichen, aber dann erklärte sie mir ihre Theorie.

„Ich will Sie nicht veralbern, Donald. Als ich ein Kind war, stand im Flur unserer Wohnung eine Tischtennisplatte. Wenn ich in meinem Zimmer für die Schule lernte, konnte ich meine Brüder Tischtennis spielen hören, manchmal stundenlang. Irgendwann bemerkte ich, dass ich den Schnitt und die Richtung des Schlags am Klang erkennen konnte, wenn der Ball auf den Schläger traf oder auf der anderen Seite des Netzes landete. Ich war über das Spiel genau im Bild, ich hörte den Widerhall, und ich wusste genau, was der eine Bruder tun musste, um auf den Schlag des anderen zu reagieren.

Später habe ich dieses Wissen auf meine Börsenprognosen an den Emerging Markets angewendet. Oft konnte ich prognostizieren, was geschehen würde, indem ich mich auf die Geschehnisse in der Welt konzentrierte und an den Klang der Tischtennisbälle dachte, die rund um den Globus geschlagen werden. Tischtennis ist der wahre Grund meines Erfolgs."

Ich staunte. *Das* stelle ich mir unter Einfühlungsvermögen vor.

Ich muss hinzufügen, dass diese junge Frau natürlich die erforderliche Ausbildung für ihre berufliche Stellung mitbrachte. Sie war eine brillante Studentin gewesen. Was sie aber von allen anderen unterschied, war die Art, wie sie ihr Wissen und ihre Analyse des Tischtennisspiels auf ihre Arbeit übertrug. Vielleicht hat sie das anfangs eher unbewusst getan, aber als Sie sich diese Fähigkeit zu Nutzen machte, verschaffte ihr das einen unbezahlbaren Vorteil. Von dieser jungen Frau habe ich gelernt, dass man die Macht des Bewusstseins niemals unterschätzen darf.

Finden Sie heraus, was andere Menschen getan haben, um erfolgreich zu sein, und seien Sie bereit, zehnmal mehr dafür zu tun. Eine Garantie gibt es nicht.

Sich mit anderen zu vergleichen ist Zeitverschwendung. Ich habe schon Menschen sagen hören: „Mr. Lucky hatte eine Million Dollar, bevor er 30 war, und ich habe genauso hart gearbeitet wie er." Merken Sie sich: Mr. Lucky hat nichts mit Ihren Möglichkeiten, Ihrem Erfolg oder Ihrem Scheitern zu tun. Machen Sie niemals jemand anderen zum Maßstab Ihres Erfolgs. Damit berauben Sie sich selbst eines großen Teils Ihrer Kraft. Der Entwurf Ihres Erfolgsplans muss von Ihnen selbst kommen. Nicht jeder von uns kann sein wie Tiger Woods, J. Lo, Bill Gates oder wer auch immer Ihrer Idealvorstellung entsprechen mag. Manchmal ist es schwer, das zu akzeptieren. Vielleicht haben Sie schon Niederlagen erlitten. Das kommt vor. Es kommt sogar sehr oft vor! Aber allein die Tatsache, dass Sie hohe Ziele haben, bringt Sie sofort auf die Erfolgsspur. Wie niedergeschlagen Sie sich auch fühlen mögen, Sie haben immer eine Chance. Doch nichts passiert von selbst. Machen Sie sich an die Arbeit!

Zum Abschluss noch zwei meiner Lieblingszitate:

Auf dem Weg zu lohnenden Zielen gibt es keine Abkürzungen.
– Beverly Sills

Je härter ich arbeite, desto mehr Glück habe ich.
– Gary Player

Denken Sie jeden Tag drei Stunden intensiv nach

Vor kurzem habe ich in einem Zeitschriftenartikel gelesen, dass sich europäische Austauschschüler über einen Aspekt des Lebens in den USA allesamt einig sind: Der Lärmpegel hier zu Lande ist sehr hoch. Offenbar scheuen wir Momente der Ruhe. Sogar Gesprächspausen werden schnell mit irgendwelchem Geschwätz gefüllt.

Das hat mich daran erinnert, wie dringend ich Phasen brauche, in denen mich niemand stört – in der Regel drei Stunden am Tag – um mein inneres Gleichgewicht zu bewahren. In dieser Zeit lese ich und denke nach. Immer habe ich danach das Gefühl, etwas gelernt zu haben und erfrischt zu sein. Außerdem gewinne ich so die nötige Energie, um meinen extrovertierten Charakter zu füttern.

In meinem Fall eignen sich die frühen Morgenstunden am besten für diese Art der Reflexion. Ich bin Frühaufsteher und schlafe in der Regel nicht länger als bis fünf Uhr morgens. Dadurch gewinne ich ein paar Stunden, um alle Arten von Zeitungen und Zeitschriften zu lesen. Lokale, landesweite und internationale.

Am Abend, nach einem offiziellen Empfang, kaufe ich beim koreanischen Lebensmittelhändler nebenan noch ein paar Snacks – Kartoffelchips und Brezeln. Das ist mein Abendessen. Bei offiziellen Anlässen komme ich kaum zum Essen, und das Fast Food schmeckt mir ohnehin besser.

Wenn ich dann daheim bin, lese ich Bücher – meist Biografien. Von Zeit zu Zeit lese ich auch gern etwas über Philosophen – vor allem über Sokrates, der betont hat, dass man den Überzeugungen seines Gewissens folgen sollte. Im Grunde genommen bedeutet das, dass man selbständig denken muss, und das ist eine Philosophie, die mir zusagt. Das macht einen vielleicht nicht beliebt, aber es ist sehr wichtig für klares Denken, und auf diese Weise kann man auch vermeiden, irgendeiner Art von Herdenmentalität zum Opfer zu fallen.

Ich lese so viel ich kann, aber nicht so viel, wie ich möchte, denn meine Zeit ist sehr begrenzt. Ich bin Oprah Winfrey dankbar, die die Amerikaner öffentlich dazu aufgefordert hat, mehr zu lesen. In meinem Buch *The America We Deserve* habe ich beschrieben, wie schlecht es in dieser Hinsicht in unserem Land aussieht. Seit Oprah sich dazu entschlossen hat, etwas dagegen zu tun, werden erheblich mehr Bücher verkauft. Schriftsteller gelten wieder als cool, und nicht mehr als Dinosaurier. Ich kann Oprah gar nicht genug für ihren Einsatz danken und hoffe, dass jeder in diesem Land ihren positiven Einfluss anerkennt. Wir alle schulden Oprah großen Dank, und ich bin gerne der Erste, der ihr diesen Dank ausspricht.

Ich schätze Filme und Fernsehen nicht weniger als jeder andere, aber Lesen ist für mich eine Möglichkeit, meine Batterien wieder aufzufüllen. Die Kartoffelchips und die Brezeln spielen dabei auch eine Rolle.

Kleiden Sie sich dem Anlass entsprechend

Früher war ich stolz darauf, sehr billige Anzüge und andere billige Kleidung zu tragen. Ich sah einfach keinen Sinn darin, Tausende von Dollars für tolle Klamotten auszugeben, wenn man auch für 100 Dollar etwas Vernünftiges kaufen konnte. Wer würde schon den Unterschied bemerken?

Im Lauf der Jahre habe ich eingesehen, dass das ein Denkfehler war. Heute kaufe ich Schuhe höchster Qualität, und diese Schuhe scheinen für die Ewigkeit gemacht zu sein. Die billigen Treter, die ich früher trug, waren bald ausgelatscht und sahen genauso billig aus wie der Preis, den ich für sie bezahlt hatte. Bei Anzügen ist es ebenso. Heute kaufe ich bei Brioni. Was Service und den Sinn für Details betrifft, steht dieser Hersteller hinter keinem anderen zurück. Brioni liefert auch die meisten Anzüge für *The Apprentice*. Ich bin ein treuer Kunde (und außerdem habe ich einen guten Preis ausgehandelt). Brioni stellt auch erstklassige Mäntel her.

Die Art, wie wir uns kleiden, sagt schon viel über uns aus, ehe wir selbst auch nur ein einziges Wort sprechen. Sich stilvoll zu kleiden bedeutet für mich, seine Umgebung zu verstehen: die Kultur zu kennen und sich zu bemühen, sie zu reflektieren und zu respektieren.

Der „Look" in Beverly Hills mag attraktiv aussehen, aber an der Wall Street wird man über diesen Look die Nase rümpfen. Erfolgreich zu sein ist schon schwer genug, auch ohne am Freitag, wenn im Büro eine gelockerte Kleiderordnung herrscht, im dreiteiligen Anzug zu erscheinen.

Bauen Sie sich selbst keine unnötigen Hindernisse auf.

Machen Sie es den Menschen einfach, Sie ernst zu nehmen. Ich würde mich über jemanden wundern, der zu einem Meeting oder zu einem Vorstellungsgespräch erscheint und in einer Weise gekleidet ist, die der Umgebung und Kultur des jeweiligen Arbeitsplatzes nicht angemessen ist – zum Beispiel über jemanden, der im Trump Tower mit Cowboyhut, Stiefeln und einer fransengeschmückten Cowboyjacke auftaucht. Dabei geht es weniger um Stil als um Kultur. Kleiden Sie sich der Umgebung und dem Anlass entsprechend.

Manchen Leuten sieht man alles nach. Den meisten aber nicht. Micha Koeppel, der für die Trump Organization arbeitet, sieht meistens aus wie ein kanadischer Bergführer in voller Montur. Wenn man ihn sieht, könnte man glauben, er leite gerade eine Expedition durch die Rocky Mountains. Allerdings sind meine Gebäude hoch, und er späht die geeigneten Grundstücke aus, also gibt es vielleicht einen guten Grund für seinen Aufzug. Es steht ihm gut, und er macht eine gute Arbeit; darum kümmere ich mich nicht darum, wie er sich anzieht.

Ich erzähle nichts Überraschendes, wenn ich sage, dass die Erfolge mancher Frauen in den ersten Folgen von *The Apprentice* zu einem sehr großen Teil auf deren Sex Appeal zurückzuführen waren. Erotische Ausstrahlung verkauft sich gut; das ist nichts Neues. Wenn Frauen allerdings zu weit gehen, fällt das Urteil hart aus. Denken Sie also gut darüber nach, wie Sie sich präsentieren wollen. Stehen Sie sich nicht selbst im Weg, wenn Sie wollen, dass man nicht nur Ihre Schönheit, sondern auch Ihre Intelligenz anerkennt. Nicht jeder kann eine umwerfende äußere Erscheinung einfach ausblenden. Überlegen Sie sich, wie Sie wahrgenommen werden wollen, und präsentieren Sie sich entsprechend.

Wie sich jemand anzieht, bemerke ich eigentlich nur dann, wenn er oder sie außergewöhnlich gut oder außergewöhnlich schlecht gekleidet ist. Das hat mehr mit Stil zu tun als mit der Frage, ob man die Produkte eines bestimmten Designers trägt oder nicht. Wie ich schon sagte: Teure Kleidung sieht meistens so aus, als sei sie ihren Preis wert.

Haben Sie schon einmal bemerkt, wie sehr wir dazu neigen, Vertreter bestimmter Berufe anhand ihrer äußeren Erscheinung in Schubladen zu stecken? Das ist eine Art Hilfsmittel, damit man sagen kann: „typisch Buchhalter“ oder: „typisch Werbemensch“, wenn man jemanden beschreiben will. Mit jedem Beruf verbindet man eine bestimmte äußere Erscheinung und bestimmte Standards. Sagen Sie einfach „Banker“, und sie ersparen sich hundert Worte. Das ist nicht immer fair, aber so läuft es eben.

Allerdings zwingt Sie niemand, ein typischer „Was-auch-immer" zu sein.

Frank McKinney sieht zum Beispiel aus wie die Kreuzung zwischen einem Rockstar und einem Surfer. Wer ihn sieht, würde niemals darauf kommen, dass er ein Immobilienunternehmer ist, der die teuersten Wohnungen und Häuser in Florida verkauft. Wenn er in seiner Versace-Weste auf dem Motorrad an Ihnen vorbeibraust, wobei seine 60 Zentimeter langen blonden Haare im Wind flattern, können Sie darauf wetten, dass er auf dem Weg zu einer geschäftlichen Besprechung ist. Aber das ist Franks Stil, und er ist sehr erfolgreich.

Aus geschäftlichen Gründen und um Zeit zu sparen kleide ich mich konservativ. Eine extravagante Erscheinung schätze ich nur bei anderen. Was eine schöne Frau trägt, interessiert mich weit mehr als das, was ich jemals tragen werde.

Seien Sie sich darüber im Klaren, dass Ihre Kleidung tatsächlich zu einer Art Kostüm werden kann. Ich habe schon viele hervorragend aussehende Schurken und gut gekleidete Trottel kennen gelernt.

Man sollte einfach Sinn für Stil haben, in welchem Beruf man auch arbeitet. Es hilft natürlich, wenn man das nötige Geld hat, um großartige Kleidung zu kaufen, aber schon mit ein wenig Stil kann man weit kommen.

TEIL 3

Teil 3

Money, Money, Money, Money

Hier stehe ich auf dem Dach des Trump World Tower an der United Nations Plaza. Ich prüfe die Dinge gern selbst, auch ohne meinen Hubschrauber.

Werden Sie Ihr eigener Finanzberater – der beste, den Sie finden können

Viele Menschen engagieren Finanzberater, aber ich habe auch schon oft erlebt, dass solche Finanzberater Menschen ruiniert haben.

Vor allem Spitzensportler verdienen schon in jungen Jahren sehr viel Geld. Aber nur zu oft verschleudert irgendein Manager das Vermögen eines solchen Sportlers. Wenn er dann älter wird, bleibt ihm nichts als verblasster Ruhm, und er muss sich irgendeinen Job suchen, um über die Runden zu kommen.

Kareem Abdul-Jabbar, ein guter Freund von mir und zweifellos einer der besten Basketballspieler aller Zeiten, spielte mehr als 20 Jahre lang in der NBA. Dann musste er feststellen, dass schlechte Ratgeber einen großen Teil seines Vermögens vernichtet hatten. Ich weiß nicht, ob es Diebstahl oder Dummheit war, aber eine Schande war es auf jeden Fall.

Herschel Walker ist ein Footballstar, der lukrative Verträge in der USFL und in der NFL hatte. Eines Tages kam er zu mir und sagte, er wolle in eine Fast-Food-Kette investieren. Ich sagte ihm: „Herschel, du bist mein Freund, aber wenn du das tust, werde ich nicht mehr mit dir sprechen." Wegen des guten Verhältnisses, das wir damals hatten (und immer nach haben), entschied er sich gegen das Investment. Zwei Jahre später war das Unternehmen pleite. Herschel ist heute ein wohlhabender Mann, und er dankt mir jedes Mal, wenn wir uns treffen.

Bei der Auswahl eines Finanzberaters sollten Sie auf Ihr eigenes Urteil vertrauen, basierend auf Informationen in angesehenen Publikationen wie *The Wall Street Journal, Forbes, Business Week* und *Fortune*. Sie sind in der Regel sehr gut, auch wenn sie manchmal negative Dinge über mich berichten. Derzeit bin ich sauer auf *Fortune* – und zwar aus gutem Grund –, aber sogar *For-*

tune erwacht zuweilen aus seinem Tiefschlaf und schreibt Lesenswertes. Besonders schätze ich dort einen Redakteur namens Geoffrey Colvin, der auch Gastgeber der Sendung *Wall Street Week* ist und viele gute Artikel über die Umstrukturierung von Unternehmen geschrieben hat.

Die *New York Post* hat inzwischen einen wirklich guten Wirtschaftsteil; es macht Spaß, ihn zu lesen. Und seit einiger Zeit sind die Wirtschaftsseiten der *New York Times* Spitzenklasse!

Wenn Sie diese Publikationen eine Weile lesen, werden Sie allmählich ein Gefühl für das Geschehen an den Kapitalmärkten, für die besten Fonds und Anlageberater entwickeln.

Halten Sie sich an die Gewinner. Oft liest man Geschichten von jemandem, der schnell zu Geld gekommen ist und die Investition seines Vermögens dann einem Freund anvertraut. Dieser Freund hat keine Erfolgsbilanz vorzuweisen, und ohne die Verbindung zu einem reichen Investor hätte er auch kein Geld. Nehmen Sie sich vor den Sternschnuppen in der Welt der Finanzen in Acht. Vertrauen Sie Fachleuten, die langfristig gute Ergebnisse vorzuweisen haben und von den vier institutionellen Rating-Agenturen immer wieder hohe Bewertungen erhalten. Aber vertrauen Sie zuallererst auf Ihren gesunden Menschenverstand.

Investieren Sie unkompliziert

Es gibt zahlreiche Firmen, die umfassende Charts und andere Informationen über die Ergebnisse bestimmter Finanzberater und Fonds anbieten. Studieren Sie diese Charts, und zwar nicht auf kurze Sicht (vielleicht hatte der Berater einfach Glück), sondern über einen Zeitraum von 15 oder 20 Jahren.

Sichern Sie sich die Unterstützung eines angesehenen Investmenthauses wie Goldman Sachs, Morgan Stanley, Bear Stearns oder Merrill Lynch. Schließlich stehen Ihre sauer verdienten Ersparnisse auf dem Spiel. Gehen Sie also keine unnötigen Risiken ein.

Für Erfolg gibt es in der Regel gute Gründe. Wenn Sie an legendäre Investoren wie Alan „Ace" Greenberg oder Warren Buffet denken und deren Fähigkeiten bewundern, dann merken sie schnell: Der wichtigste Faktor ihres Erfolgs ist derjenige, den auch Sie bei jedem einzelnen Ihrer Investments beachten müssen – gesunder Menschenverstand.

Ich habe viele Jahresberichte von Warren Buffett gelesen. Immer wieder fasziniert mich dabei, wie er es schafft, die Dinge auf den einfachsten Nenner zu bringen.

Viele angesehene Börsengurus können einen schwindelig machen mit ihrem Gerede von komplizierten finanziellen Manövern. Vielleicht schinden diese Leute Eindruck bei Ihnen, mit ihren verwickelten, computergestützten Trading-Ergebnissen und ihren fünfzigprozentigen Renditen mit Optionen auf Produkte, die vielleicht noch gar nicht existieren. An diesen Märkten werden jeden Tag große Vermögen gewonnen und verloren. Meiner Meinung nach würden diese Leute aber nicht schlechter fahren, wenn sie ihre Hedge

Fonds links liegen ließen und all ihr Geld beim Roulette im Trump Taj Mahal Casino in Atlantic City auf ihre Lieblingszahl setzten.

Sie haben für dieses Buch gutes Geld bezahlt, und ich weiß, dass Sie dafür gute Tipps erwarten. Hier ist der beste Rat, den ich Ihnen geben kann: Investieren Sie nur in Produkte, die Sie verstehen und mit Leuten, denen Sie vertrauen können. Manchmal sind die besten Investments diejenigen, die man unterlässt.

Schließen Sie einen Ehevertrag ab

Ich habe es schon einmal gesagt – in einem meiner früheren Bücher habe ich sogar ein ganzes Kapitel über die Kunst des Ehevertrags geschrieben –, aber ich sage es noch einmal für jeden, der gerade ans Heiraten denkt: Ein Ehevertrag bedeutet nicht, dass man seine Braut nicht für immer lieben wird. Er bedeutet auch keine Zweifel über ihre Integrität oder über die Beziehung als solche. Er bedeutet lediglich die Anerkennung der Tatsache, dass das Leben, vor allem das Liebes- und das Geschäftsleben, manchmal sehr kompliziert sein kann. Jeder hat das Recht, sein Vermögen zu schützen. Wenn Sie ein eigenes Unternehmen besitzen und eine schwierige Scheidung durchmachen, ohne zuvor einen Ehevertrag abgeschlossen zu haben, dann kann dies auch das Wohlergehen Ihrer Angestellten gefährden. Ich kenne viele Frauen, die in ihren Familien die Hauptverdiener sind, und deshalb gilt mein Rat für beide Geschlechter gleichermaßen.

Hätte ich keinen Ehevertrag gehabt, dann würde ich dieses Buch aus der Perspektive eines Mannes schreiben, der sehr viel verloren hat. Wir brauchten einen Bus, um alle Anwälte Ivanas zum Gerichtsgebäude zu bringen. Es war ein Desaster, aber ich hatte einen soliden Ehevertrag, der allen Anfechtungen standhielt.

Einer meiner Freunde ist mit einer Frau verheiratet, die nicht einmal 1,60 Meter groß ist, aber er ist wie versteinert bei dem Gedanken, was sie ihm vor Gericht alles antun wird – nur weil er keinen Ehevertrag abgeschlossen hat. Als er diese Frau traf, hatte er schon vier gescheiterte Ehen hinter sich. Trotzdem sagte er mir: „Donald, ich liebe diese Frau so sehr, dass ich keinen Ehevertrag brauche.“ Leider brachte ich nicht den Mut auf, ihm zu sagen, was ich dachte: Du elender Verlierer!

Ein Jahr später war die Ehe am Ende, und mein Freund ging durch die Hölle. Wenn ich ihn traf, sah er aus wie ein verängstigtes Hündchen.

Am gesunden Menschenverstand gibt es nichts auszusetzen. Nehmen Sie sich ein Beispiel an Henry David Thoreau und halten Sie die Dinge möglichst einfach.

Gehen Sie den direkten Weg

Las-Vegas-Star Wayne Newton ist einer meiner besten Freunde, und er hat im Lauf der Jahre viel Geld verdient. Leider hatte er extrem schlechte Ratgeber. Er verlor sein Geld und musste Bankrott anmelden. In der Zwischenzeit fraßen ihn seine Anwälte bei lebendigem Leib.

Er rief mich an und sagte: „Donald, ich habe gehört, dass du Anfang der 90er Jahre bei 100 Banken 9,2 Milliarden Dollar Schulden hattest. Aber du bist niemals pleite gegangen. Wie hast du das gemacht? Ich komme aus diesem Desaster einfach nicht heraus. Meine Anwälte verdienen ein Vermögen, und die Banken verhalten sich unmöglich."

Ich fragte Wayne, wie viele Banken involviert waren. Er antwortete, es seien drei. „Du hast Glück", sagte ich. „Bei mir waren es 99, und ich nahm mir damals vor, alle Vertreter jeder einzelnen Bank zu meinen besten Freunden zu machen. Das musst du auch tun."

Ich gab ihm noch einige Ratschläge, und er hat seither in vielen Interviews dankbar darauf hingewiesen. Ich sagte ihm: „Wayne, du bist eine große Berühmtheit. Sag deiner Sekretärin, dass sie bei den drei Banken anrufen soll. Sie muss die Person ans Telefon bekommen, die wirklich für dein Problem zuständig ist, nicht irgendeine Galionsfigur. Dann sprichst du mit den drei Leuten. Vereinbare ein Treffen; am besten ein Abendessen mit ihnen und ihren Familien. Lerne sie kennen. Nach einer Weile werden sie dich mögen. Sie werden von dir beeindruckt sein, weil du ein berühmter Mann bist. Diese Leute kontrollieren vielleicht eine Menge Geld, aber keinen Ruhm, und Menschen lassen sich durch Ruhm beeindrucken. Vergiss deine Anwälte. Sie werden deinen Fall nie wirklich zu einem Ende bringen wollen, weil sie dann keine Honorare mehr bekommen. Du musst es selber machen. Ruf die Banker an. Freunde dich mit Ihnen an. Und schließe einen Deal mit ihnen ab."

Drei Wochen später rief mich Wayne an. Er hatte mit allen drei Bankern zu Abend gegessen und sagte, sie gehörten zu den nettesten Leuten, die er je kennen gelernt hatte. Sie hatten ihre Frauen und Kinder mitgebracht. Später hat er mit jedem von ihnen einen Kompromiss ausgehandelt. Die Banken verhielten sich für eine Weile still, die Anwälte wurden nicht reicher, und heute geht es Wayne fantastisch.

Vielleicht fragen Sie sich, wie sich diese Regel auf Ihr Leben anwenden lässt, der Sie nicht der Star einer großen Show in Las Vegas sind. Hier ist die Antwort: Wayne hat die Kontrolle über die Situation übernommen. Er wandte sich an die wirklich zuständigen Leute. Die meisten von uns brauchen irgendwann im Leben einen Anwalt, und wir alle müssen uns mit riesigen bürokratischen Apparaten herumschlagen. Aber manchmal muss man den direkten Weg nach oben nehmen, und man muss es selbst tun. Man muss nicht „Danke schön" singen, um sich auf seriöse Weise persönlich an jemanden zu wenden.

Natürlich sind Anwälte manchmal unentbehrlich. Manche Menschen sind Schurken*. Verklagen Sie solche Bastarde! Schließen Sie aber einen Vergleich, wann immer es möglich ist. Das spart allen Beteiligten viel Zeit.

*Ich habe Ärzte zu hassen gelernt. Ich halte sie ganz allgemein für eine Horde geldgieriger Hunde. Ich kenne zahlreiche Fälle, in denen Ärzte das Leben von Menschen ruiniert haben. Zum Beispiel hatte jemand, den ich sehr gern mag, eine Fußverletzung, die meiner Meinung nach ganz von selbst wieder geheilt wäre. Der Arzt aber führte eine Operation durch, setzte Nägel und Platten in den Fuß ein. Jetzt, nach einem Jahr der Rekonvaleszenz, kann der Patient noch immer nicht richtig gehen. Ich denke, einen solchen Arzt zu verklagen wäre der Mühe und der Kosten wert. (Vor kurzem sah der Patient den Arzt, wie der auf der sehr teuren und schicken Worth Avenue in Palm Beach spazierte und eine Menge Geld ausgab.) Das ist nur einer von vielen schlechten Ärzten, die ich kenne – man könnte noch zahlreiche andere nennen. Ich kann diese Bastarde einfach nicht ausstehen.

Lehren Sie Ihre Kinder, den Wert des Geldes zu erkennen

Meine Kinder haben den Wert des Geldes durch mein Beispiel kennen gelernt. Sie sehen, wie hart ich arbeite. Ich habe nicht mit ihnen darüber gesprochen, weil das nicht nötig ist – sie haben schließlich Augen im Kopf.

Sie sehen, wie ich lebe. Ich schalte das Licht aus, wenn ich das Büro verlasse. Ich freue mich immer über ein gutes Geschäft, ob ich nun ein Gebäude kaufe oder Haushaltsartikel bei Duane Reade (Glauben Sie mir: Man kann dort wirklich günstig Rasiercreme kaufen).

Ich habe stets das Beispiel meiner Eltern vor Augen. Ich konnte ihre Entschlossenheit und Disziplin *sehen*. Sie mussten nicht viele Worte darüber verlieren. Ich versuche so zu sein, wie sie waren.

Meine Eltern waren genügsam in dem Sinne, dass sie wussten, wie schwer es ist, Geld zu verdienen, und dass man es daher mit Respekt behandeln sollte. Sie lebten gut, aber bescheiden und gaben ihr Geld nicht mit leichter Hand aus. Wir gingen selten in Restaurants und unternahmen nur wenige größere Urlaubsreisen.

Sie legten großen Wert auf Schule und Ausbildung. Wir hatten ein stabiles Familienleben, und ich weiß noch, dass ich mich dabei sehr wohl fühlte. Von jedem von uns wurde erwartet, seinen Beitrag nicht nur für die Familie, sondern für die Gesellschaft zu leisten. Dieses Wertesystem der Familie Trump habe ich verinnerlicht, und ich habe immer versucht, ihr gerecht zu werden.

Wie ich selbst haben auch meine Kinder vom Wohlstand profitiert, aber es ist erstaunlich, wie unverdorben sie in mancher Hinsicht sind. Ihre Kreditkarten sind mit einem Limit ausgestattet, und sie haben sie eher als Schutz in Notfällen als für irgendwelche andere Zwecke. Als Kinder haben meine bei-

Mit meiner Mutter an der New York Military Academy

Eine frühe Aufnahme mit meinem Vater Fred Trump

den Söhne in den Sommerferien mit Rasenmähen, Bäumeschneiden und Gärtnern auf der *Seven Springs*-Anlage in Westchester ihr Taschengeld aufgebessert. Ivanka besuchte die School of American Ballett, wo die Anforderungen an Disziplin und Trainingsfleiß enorm sind.

Vielleicht wissen Kinder und Jugendliche heute besser über Geld Bescheid als es in früheren Generationen der Fall war. Sie scheinen ihr Geld ernst zu nehmen. Das ist ein gutes Zeichen, denn je früher man den Wert des Geldes versteht, desto höher wird die Wahrscheinlichkeit, später einmal große Mengen davon zu besitzen.

Wenn Ihre Kinder sehen, dass Sie leichtsinnig mit Geld umgehen, dann werden sie denken, solcher Leichtsinn wäre auch für sie selbst in Ordnung. Kinder sind gute Beobachter. Auf diese Weise lernen sie. Sie machen die Prioritäten ihrer Eltern oft zu ihren eigenen. Ausnahmen sind zwar in jeder Familie möglich, aber im Allgemeinen ist es eine bewiesene Tatsache, dass Kinder durch Beobachtung lernen.

Wenn Sie offensichtlich gern zum Glücksspiel nach Las Vegas fahren, werden Ihre Kinder denken, das sei eine gute Sache und Ihrem Beispiel folgen. Wenn Sie gern in die Carnegie Hall gehen und Ihre Kinder mitnehmen, werden sie das für ein aufregendes Ereignis halten, weil Sie es auch tun. Tief im Inneren wollen Kinder den Eltern gefallen; denken Sie also darüber nach, welche Werte Sie zur Schau stellen. Früher oder später entwickeln Kinder einen eigenen Geschmack, aber die ersten Erfahrungen sind sehr wichtig.

Ich habe viel Zeit mit meinen Kindern Don Jr., Ivanka und Eric verbracht, als sie klein waren, weil wir alle zusammen wohnten. Unser Verhältnis ist auch heute noch sehr eng. Mit Tiffany verbringe ich weniger Zeit, weil sie bei ihrer Mutter in Kalifornien lebt. Ich versuche meine Kinder so gut es geht in meine Reisen und sonstigen Aktivitäten einzubeziehen.

Sie wissen, dass sie immer willkommen sind, ins Familienunternehmen einzusteigen. Don Jr. arbeitet seit September 2001 für die Trump Organization. „Die Trumps sind Bauherren", sagte er vor kurzem in einem Interview mit Barbara Walters. Ich hoffe, Ivanka, Eric und Tiffany werden auch einmal eine Karriere in unserem Unternehmen in Erwägung ziehen. Aber die Entscheidung liegt ganz allein bei ihnen selbst.

Mit meiner jüngsten Tocher Tiffany

Ich habe sehr hohe Ansprüche, aber das gilt auch für meine Kinder. Sie alle erzielen gute Leistungen, arbeiten gern und stellen sich in keinerlei Hinsicht ungeschickt an. Manchmal frage ich mich, warum ich so viel Glück habe.

Wenn Sie Ihren Kindern den Wert des Geldes nicht nahe bringen, dann ist das so, als würden Sie sich nicht darum kümmern, was Ihre Kinder essen. Sie werden es schwer haben, wenn sie ohne Wissen über finanzielle Dinge in die Welt hinausgehen. Vermitteln Sie Ihren Kindern, wie Sie selbst über Geld denken – wie Sie es ausgeben, was Sie sparen, wo Sie investieren.

Bringen Sie Ihren Kindern bei, dass Geld nicht unbedingt ein Zeichen von Gier sein muss. Es ist ein wichtiges Mittel zum Überleben. Zum ersten Mal eine eigene Wohnung zu beziehen, kann für Ihre Kinder eine wertvolle Lehre sein: Plötzlich lernen sie, dass es so etwas wie eine Kaution gibt! Bereiten Sie Ihre Kinder so gut Sie können auf das Leben vor. Schenken Sie ihnen ein Abonnement von *Money* oder eines anderen Finanzmagazins. Und geben Sie Ihnen Anreize, ihr Taschengeld zu sparen.

Wenn Ihre Kinder nicht von Ihnen lernen, wie man mit Geld umgeht, wer soll es ihnen sonst beibringen?

TEIL 4

Teil 4

Die Geheimnisse des erfolgreichen Verhandelns

Will jemand verhandeln? Hier bin ich mit George Foreman und Lennox Lewis.

Packen Sie sie an den Eiern, dann werden ihre Herzen und ihr Verstand folgen

In diesem Teil des Buchs möchte ich über einige meiner besten Geschäftsabschlüsse erzählen und die wichtigsten Regeln der Verhandlungsführung schildern, für die diese Geschäfte als Beispiele stehen.

Zunächst aber meine grundlegende Philosophie des Verhandelns: Alles hängt von Überzeugungskraft ab, nicht von Macht.

Macht ist nur die Fähigkeit, Menschen dazu zu bringen, Ihre Ideen zu akzeptieren. Ich bin zwar ein erfolgreicher Geschäftsmann, aber das bedeutet nicht, dass ich immer meinen Willen bekomme. Natürlich muss ich nicht mehr so lautstark auftreten wie früher. Ich muss mich nicht wie ein Bulldozer benehmen, damit man auf mich aufmerksam wird. Aber ich muss schmeicheln und argumentieren wie jeder andere Verhandlungsteilnehmer auch.

Ein Interviewer aus Brasilien fragte mich neulich, was das Beste und das Schlechteste daran sei, so viel Geld und Erfolg zu haben. Ich gab auf beide Fragen die gleiche Antwort: die Auswirkungen auf Menschen. Wahrscheinlich wird mir jeder zustimmen, der eine mit Macht ausgestattete Position einnimmt. Es gibt gute und schlechte Aspekte.

Das Gute ist, dass einem die Menschen bereitwilliger zuhören, als wenn man auf finanziellem Gebiet ein Niemand wäre. Das Schlechte ist, dass sie einen auf diese eine Dimension reduzieren und es dabei belassen.

Beim Thema Macht geht es nicht nur darum, alle Entscheidungen bestimmen zu können. Es geht um Fähigkeiten und Können. Sie können alle Entscheidungen treffen, aber wenn diese Entscheidungen schlecht sind, wird bald niemand mehr von Ihnen Notiz nehmen. *Sie müssen wissen, was Sie tun*. Daraus erwächst wirkliche Macht.

Andere überzeugen zu können hat viel mit Wissen über Verhandlungsführung zu tun. Studieren Sie die Kunst der Überzeugung. Trainieren Sie sie und entwickeln Sie ein Verständnis ihres unschätzbaren Werts in allen Lebensbereichen.

Erwarten Sie von den Leuten nicht, dass Sie Ihr Geschwätz glauben, nur weil Sie es gut vortragen. Eine Aufsichtskonferenz ist etwas anderes als die Kneipe an der Ecke.

Machen Sie es den Menschen leicht, die Sie zu überzeugen versuchen. Argumentieren Sie mit leicht verständlichen Beispielen und Analogien. Wenn Sie zu hochgestochen argumentieren, werden ihre Zuhörer sich frustriert oder, noch schlimmer, unterlegen fühlen. Zeigen Sie ihnen, dass Sie alle sich in gewisser Hinsicht auf dem gleichen Niveau befinden. Verwenden Sie Humor. Er kann das Eis brechen. Manchmal erzähle ich den Leuten, ich wünschte, unser Treffen hätte schon gestern stattgefunden. Gestern seien meine Haare prachtvoll anzusehen gewesen, aber die Teilnehmer am Treffen hätten diesen Anblick ja nun leider verpasst!

Wenn Sie den Leuten erzählen, wie großartig Sie selbst und wie hochfliegend Ihre Pläne sind, dann stehen die Chancen gut, dass sie die Ohren auf Durchzug stellen oder, noch schlimmer, so schnell wie möglich davonlaufen. Um überzeugend zu wirken braucht jeder von uns ein gesundes Maß an Selbstvertrauen, aber treten Sie nicht wie ein Bulldozer auf. Wenn Sie das tun, haben sie anfangs vielleicht viele Zuhörer, aber der Raum wird bald leer sein.

Wie heißt es doch so richtig: Es gibt einen feinen Unterschied zwischen annehmen und hinnehmen. Sie wollen, dass die Menschen Ihre Ideen *annehmen* und nicht einfach *hinnehmen*, weil sie denken, sie könnten ohnehin nichts dagegen tun, oder weil sie durch Ihren Vortrag erschöpft sind. Schüchtern Sie die Leute nicht ein, nur damit sie Ihnen glauben. Lassen Sie die Leute glauben, sie selbst hätten die Entscheidung getroffen. Das gibt ihnen das Gefühl der Kontrolle.

Hier ist die goldene Regel der Verhandlungskunst:

Wer das Gold hat, bestimmt die Regeln.

Wenn Sie in eine Verhandlung gehen und über die Gegenpartei nichts wissen, dann lassen Sie *die anderen* reden. Hören Sie auf deren Tonfall, beobachten Sie deren Körpersprache und sie werden schnell merken, ob diese

Leute wirklich an einem Geschäft interessiert sind oder nur demonstrieren wollen, wie schlau sie sind.

Die meisten Verhandlungen sollten besser in aller Ruhe als in einer feindseligen Atmosphäre ablaufen. Manchmal läuft eine Verhandlung aber am besten, nachdem man ein paar Mal gebrüllt und mit der Faust auf den Tisch geschlagen hat.

Die besten Verhandlungsexperten sind wie Chamäleons. Ihre Haltung, ihr Benehmen, ihre Sprechweise und ihre Gestik hängen ganz davon ab, wer ihnen gegenübersitzt.

Wenn ein Verhandlungspartner Ihnen etwas abkaufen möchte, dann wird er sich bemühen, Ihnen darzulegen, dass Sie diese Sache weder wirklich wollen noch brauchen. Damit zeigt er Ihnen, wie verzweifelt er selbst diese Sache haben will.

Beim Verkauf eines Vermögensgegenstandes geht es nicht immer ausschließlich um Geld. Denken Sie über die traditionellen Grenzen hinaus.

Lernen Sie, wie wertvoll es ist, nein sagen zu können. Sehen Sie jeden Konflikt als Chance. Vor allem aber sollten Sie Ihre Verhandlungspartner kennen, bevor Sie sich mit ihnen an einen Tisch setzen. Stellen Sie Nachforschungen an, mit wem Sie es zu tun haben, wie diese Leute verhandeln und was sie von Ihnen wollen.

Jetzt sind Sie bereit für Verhandlungen. Die folgenden Schilderungen illustrieren diese Grundregeln.

Das Trump Building, Wall Street 40

Finden Sie heraus was die andere Seite will

Eines der besten Geschäfte, die ich je gemacht habe, war der Kauf des höchsten Gebäudes in Lower Manhattan, eines Wahrzeichens der Stadt mit einer Nutzfläche von etwa 120 000 Quadratmetern, das als Wall Street 40 bekannt war.

Ich bekam es für eine Million Dollar, und bei den Verhandlungen waren ausschließlich Timing und Intuition entscheidend.

In den 60er und 70er Jahren war Wall Street 40 eine wirklich erstklassige Adresse – es gab im ganzen Gebäude keine freien Flächen. In den 80er Jahren wurde es von Ferdinand Marcos gekauft, der sich mit einer Revolution auf den Philippinen herumschlagen musste. Der Wolkenkratzer Wall Street 40 verfiel allmählich – ein weiterer Beweis dafür, dass ein Unternehmen niemals von einem Diktator geführt werden sollte, schon gar nicht von einem tatsächlichen Diktator, der kurz davor steht, aus seiner Position gejagt zu werden.

Dann interessierten sich die Resnicks für Wall Street 40, eine bekannte Familie in der Immobilienbranche. Aber nach langen Verhandlungen wurde klar, dass die Resnicks und die Citibank keine Einigung erzielen würden. Wall Street 40 war also immer noch zu haben. Ich hätte damals sehr gern zugegriffen, aber das war in den frühen 90er Jahren, und ich war nicht in der Lage dazu. Der Immobilienmarkt war in einem schrecklichen Zustand, und meine eigene finanzielle Lage war alles andere als rosig.

Der nächste Käufer war die Kinson Company, eine Unternehmensgruppe aus Hongkong. Sie machte ein großartiges Geschäft, und nachdem der Kauf abgeschlossen war, bat ich um eine Unterredung, um über eine mögliche Partnerschaft zu sprechen. An einer Partnerschaft war Kinson nicht interessiert, aber man wollte aus Wall Street 40 ein Gegenstück zum Trump Tower in Upper Manhattan machen – mit einem für die Öffentlichkeit zugänglichen Atrium. Das klang wie eine gute Idee. Allerdings schienen die Leute bei Kinson sich nie gefragt zu haben, was sie dann mit den Stahlträgern machen wollten, die ein Gebäude mit 72 Stockwerken stützten. Ich war sprachlos.

Wie Sie sich wahrscheinlich vorstellen können, erwies sich die Kinson Group als ziemlich inkompetent, was die Renovierung, Wartung und Vermietung eines Wolkenkratzers in New York betraf. Das fing schon damit an, dass Kinson nicht aus der Immobilienbranche kam, sondern hauptsächlich in der Textilindustrie tätig war. Und Kinson legte richtig los. Man steckte eine achtstellige Dollarsumme in das Gebäude, aber man kam nicht weiter. Es gab Probleme mit Mietern, Baufirmen, Zulieferern, Architekten und sogar mit den Grundstückseigentümern, den Hinnebergs, einer prominenten Familie aus Deutschland.

Schließlich akzeptierte Kinson meine Bedingungen ohne weitere Fragen.

Warum? Sie wollten raus – und zwar schnell. Sie wussten es, ich wusste es, und weil ich es wusste, verliefen die Verhandlungen reibungslos.

Es gab bei diesem Geschäft noch einen weiteren überaus wichtigen Aspekt, der beweist, wie wichtig es ist, die Absichten der anderen Seite zu kennen: Alle früheren Besitzer des Gebäudes hatten mit einem Beauftragten der Familie Hinneberg verhandelt. Er bestand darauf, die Grundstückspacht immer weiter zu erhöhen und baute auch noch weitere finanzielle Hürden auf, von denen er behauptete, der Grundstückseigentümer lasse da nicht mit sich reden. Ich musste mir also selbst ein Bild davon machen, was die Hinnebergs wirklich wollten – war es Geld oder etwas anderes? Wenn man die Wahrheit wissen will, muss man bis zur Quelle vordringen und die Mittelsmänner beiseite lassen.

Ich flog also mit meinem wichtigsten Rechtsberater Bernie Diamond nach Deutschland, zu einem persönlichen Gespräch mit dem Grundstückseigentümer, der sichtlich davon beeindruckt war, dass ich den Atlantik überquert hatte, um ihn zu treffen. Ich erfuhr, dass er eigentlich nur seine Ruhe haben wollte, was sein Eigentum an diesem Grundstück betraf. Was er aber bekam, waren Ärger und ständige Rechtsstreitigkeiten. Ich sagte ihm, ich würde aus dem bestehenden Desaster ein erstklassiges Bürogebäude machen, wenn er bereit wäre, während der Zeit der Renovierung auf sämtliche Pachtzahlungen zu verzichten und den Pachtvertrag dergestalt zu ändern, dass eine Vermietung an erstklassige Unterpächter und eine Teilfinanzierung des Umbaus durch Bankkredite möglich wären. Er war einverstanden – und ich fand mich bei dieser Gelegenheit in meiner Ansicht bestätigt, dass Walter, Christian und Walter Hinneberg jr. zu den besten Männern gehören, mit denen ich je Geschäfte gemacht habe. Dieser Eindruck hat sich seither immer wieder bestätigt.

Kurz nachdem ich Wall Street 40 gekauft hatte, verbesserte sich die Situation auf dem Immobilienmarkt. Downtown Manhattan erlebte einen enormen Aufschwung bei Büro- und Wohnimmobilien und bei der Entwicklung neuer Projekte.

Wall Street 40 bringt mir viel Geld ein. Ich besitze nicht nur das schönste Gebäude in Lower Manhattan, sondern dazu auch noch ein besonders gewinnträchtiges. Und das alles nur, weil ich die Vorgänge um dieses Gebäude jahrzehntelang genau beobachtet und abgewartet habe, bis der richtige Zeitpunkt für mich gekommen war. Und ich wusste, was die andere Seite dachte und wollte.

Haften Sie sich an Vernunftsprinzipien und reagieren Sie flexibel

Wenn Sie erfolgreich verhandeln wollen, müssen Sie flexibel sein.

Als ich Wall Street 40 kaufte, stand das Gebäude praktisch leer. Der damals für Vermietungen zuständige Makler war ein Freund von mir. Ich sagte ihm, ich würde das Gebäude renovieren und Mieter suchen. Ich bot ihm an, exklusiv als Makler für mich zu arbeiten. Er hatte schon für die früheren Eigentümer des Gebäudes gearbeitet, die große Probleme gehabt hatten, Mieter zu bekommen. Er war sich meines Scheiterns so sicher, dass er sagte, er werde die Aufgabe nur übernehmen, falls ich ihm eine Garantiesumme von 60 000 Dollar pro Monat bezahlte – und zwar ab sofort. Er meinte dann noch, er werde künftige Kommissionszahlungen von dieser Garantiesumme abziehen.

Seine Forderung war völlig unannehmbar für mich. Ich besaß ein leerstehendes Gebäude, das Verluste verursachte, und der Makler, der sich schon in der Vergangenheit als unfähig erwiesen hatte, wollte im Voraus bezahlt werden. Ich sagte ihm, sein Angebot zeige einen totalen Mangel an Vertrauen in meine Fähigkeit, die Sache zum Erfolg zu führen. Kein Makler bekommt Geld, wenn er keine Mieter vermittelt.

Der Mann beharrte auf seiner Forderung, und wir brachen unsere Geschäftsbeziehungen ab. Ich engagierte einen anderen erstklassigen Makler, der mein Angebot problemlos zu den üblichen Bedingungen akzeptierte – keine Mieter, kein Geld. Ich renovierte das Gebäude. In den folgenden beiden Jahren verdiente der Makler mehrere Millionen an Kommissionen. Die mangelnde Flexibilität des früheren Maklers kostete ihn ein kleines Vermögen. Außerdem habe ich nie wieder Geschäfte mit ihm gemacht.

Trauen Sie Ihren Instinkten

Als ich Wall Street 40 übernahm, war mein Geschäftspartner Abe Wallach, der den Kauf über die Bühne gebracht hatte, überzeugt, der Umbau in ein Wohngebäude sei die einzig sinnvolle Lösung. Im Prinzip hatte er Recht, denn der Markt für Büroimmobilien lag am Boden, und von Seiten der Stadt gab es attraktive Fördergelder für die Schaffung von Wohnraum in Downtown Manhattan. Alle Immobilienmakler teilten seine Meinung, die Vermietung als Büroräume und Ladenflächen sei aussichtslos. Sie sagten, die Flächen seien entweder zu groß oder zu klein, um sie vermieten zu können. Außerdem meinten sie, die Lobby, die Lifte und die Versorgungssysteme müßten aufwändig renoviert werden, und das Resultat ließe sich nicht abschätzen.

Ich zweifelte am Wert ihrer Empfehlungen. Der Umbau in ein reines Wohngebäude wäre sehr teuer gewesen. Außerdem waren fünf Stockwerke an eine Anwaltsfirma vermietet. Sie aus dem Mietvertrag herauszukaufen hätte ein Vermögen gekostet und zudem jeden Zeitplan für den Umbau über den Haufen geworfen. Mein Instinkt sagte mir, dass aus diesem Gebäude wieder die erstklassige Geschäftsadresse werden konnte, die es früher schon einmal gewesen war, und dass es einen Weg geben musste, das zu bewerkstelligen.

Ich bat George Ross darum, ein realistisches Szenario zu entwerfen, und er kam zu einer interessanten neuen Sichtweise. Er schlug vor, sich das Gebäude mit seinen 120 000 Quadratmetern Nutzfläche als drei abgetrennte, übereinander liegende Einheiten vorzustellen.

- In den oberen Stockwerken, die etwa 40 000 Quadratmeter umfassten, gab es kleine Einheiten mit einer spektakulären Aussicht auf Manhattan. George war davon überzeugt, dass man diese Flächen an Boutiquenbesitzer vermieten könnte, die gern eine höhere Miete zahlen würden, wenn Sie dafür eine ganze Etage in einem sehr hoch gelegenen Stockwerk bekämen.

- Den mittleren Abschnitt mit etwa 30 000 Quadratmetern könnte man zu einem niedrigeren Quadratmeterpreis vermieten. Diese Mieteinnahmen wären mehr als genug, um den Kaufpreis und die Renovierungskosten abzudecken.

- Die unteren 40 000 Quadratmeter wären schwieriger zu vermieten. Aber sogar wenn dieser Gebäudeabschnitt völlig leer stünde, wäre das Gebäude als ganzes immer noch profitabel – vorausgesetzt natürlich, dass sich die Annahmen für die darüber liegenden 70 000 Quadratmeter als realistisch erweisen würden.

Georges Plan machte mir Mut, und daher verwarf ich jeden Gedanken an einen Umbau zu einem Wohngebäude. Ich verließ mich auf die Erfahrung meines Unternehmens, um Wall Street 40 zu einem erfolgreichen Bürogebäude zu machen. Wir bauten die Lobby und die Versorgungssysteme um und modernisierten sie. Als sich der Markt für Mietimmobilien erholte, waren wir fertig. Heute ist das Gebäude weit mehr als das Hundertfache dessen wert, was ich dafür bezahlt habe.

Mein Instinkt hatte mich nicht getäuscht.

Sie müssen genau wissen, was Sie wollen – und es für sich behalten

Wenn Sie nicht alles sagen, was Sie wissen, steigt Ihre Flexibilität, denn Sie erhalten mehr Informationen über die Einzelheiten des Geschäfts.

Um den Trump Tower so bauen zu können, wie ich ihn mir vorstellte, brauchte ich die Kontrolle über ein Nachbargrundstück an der 75. Straße. Es gehörte Leonard Kandell und war an Bonwit Teller vermietet, eine Einzelhandelskette, die kurz vor der Pleite stand. Len Kandell war ein raffinierter Kopf im Baugeschäft. Sein wichtigstes Ziel bestand darin, Grundstücke in strategischen Lagen zu besitzen und sie nie wieder herzugeben. Ich versuchte einen langfristigen Pachtvertrag auszuhandeln, aber Kandell verlangte zu viel Geld, und so gerieten die Verhandlungen ins Stocken.

Ich führte damals auch Verhandlungen über den Kauf von Luftrechten mit dem benachbarten Juweliergeschäft Tiffany, um den Trump Tower höher bauen zu können. Dabei erfuhr ich, dass Tiffany eine Option hatte, Kandells Grundstück zu einem fairen Marktpreis zu kaufen. Das war mir neu, und es war eine entscheidende Information, aber ich ließ niemanden wissen, wie wichtig diese Nachricht für mich war.

Ich ließ Tiffany in dem Glauben, es gehe mir nur um die Luftrechte; die Option zum Kauf des Kandell-Grundstücks spielte bei den Verhandlungen keine Rolle. Schließlich verkaufte mir Tiffany die Luftrechte; die Option bekam ich quasi als Zugabe.

Dann teilte ich Len Kandell mit, ich sei nicht mehr daran interessiert, das Grundstück zu pachten. Ich würde es mit Hilfe der Tiffany-Option kaufen.

Kandell wollte nicht verkaufen, und ich wollte eigentlich auch nicht kaufen. Mit Hinweis auf meine neue Trumpfkarte schlug ich Kandell vor, noch einmal über einen langfristigen Pachtvertrag nachzudenken. Diesmal stimmte er zu, und wir schlossen rasch eine für beide Seiten akzeptable Vereinbarung. Wir wurden Freunde, und mit seinen Erben bin ich noch heute befreundet.

Lassen Sie sich nicht durch Ihre Erwartungen einengen. Machmal sind das, was wir zu wollen glauben und das, was wir wirklich wollen, zwei verschiedene Dinge. Schon bei zahlreichen Gelegenheiten habe ich mitten in den Verhandlungen bemerkt, dass ich das Falsche gewollt hatte. Manchmal brachten mich meine Verhandlungspartner auf Ideen, an die ich zuvor nicht gedacht hatte. Zuweilen kommt mir auch plötzlich eine bedeutende Frage in den Sinn und ich beginne in eine neue Richtung zu denken.

Das ist auch gar kein Problem. Es ist in Ordnung, seine Meinung zu ändern und eine andere Vorgehensweise vorzuschlagen – solange man der anderen Seite gegenüber noch keine Verpflichtungen eingegangen ist.

Manche Leute haben mich als einen zwar guten, aber unredlichen Verhandlungsführer bezeichnet. Ich bin viel zu beschäftigt, um unredlich zu sein. Ich verarbeite nur rasch neue Informationen und bewege mich in unerwartete Richtungen vorwärts – unerwartet für die andere Partei und auch für mich selbst. Das ist einer der Gründe, warum ich Verhandlungen so aufregend finde.

Ich bin im Sternzeichen Zwillinge geboren, und vielleicht glaube ich deshalb, dass es eine Dualität beim Verhandeln gibt. Man muss ein Gleichgewicht zwischen Verstand und Leidenschaft bewahren. Der Verstand sorgt dafür, dass man offen bleibt. Die Leidenschaft sorgt für das nötige Adrenalin.

Schreiben Sie Ihre Ziele auf, ehe Sie in Verhandlungen eintreten. Dann versuchen Sie zu antizipieren, was die andere Partei will. Finden Sie einen Weg, über das Geschäft zu sprechen und Parameter aufzustellen, die beide Seiten davor bewahren, in eine aussichtslose Situation zu geraten.

Das Wichtigste aber ist, dass Sie wissen, was Sie wollen und es bis zu einem strategisch richtigen Zeitpunkt für sich behalten. Wenn erst einmal alle Fakten auf dem Tisch liegen, wird es Ihnen leichter fallen, den Weg zu der Lösung einzuschlagen, die Sie sich wünschen.

Sorgen Sie dafür, dass beide Seiten gewinnen

In *The Art of the Deal* habe ich beschrieben, wie ich für 320 Millionen Dollar das Hilton-Gebäude in Atlantic City gekauft habe, das heute als Trump Marina bekannt ist. Es war bis zu diesem Zeitpunkt das größte und riskanteste Geschäft meiner Karriere. Die Zeitungen berichteten auf den Titelseiten davon, denn auch Steve Wynn, der größte Casinobesitzer in Las Vegas, war hinter dem Gebäude her. Er hatte ein feindliches Übernahmeangebot abgegeben, ehe Hilton mich als weißen Ritter wählte.

Ich mag alle meine Hotels in Atlantic City, doch wenn ich in dieser Stadt bin, wohne ich am liebsten im Trump Marina, denn der Kauf war ein Sieg, den es auszukosten gilt. Das erinnert mich an eine wichtige Verhandlungsregel: Jeder sollte als Gewinner aus Verhandlungen hervorgehen. Und dieser Kauf war ein Triumph ohne bitteren Nachgeschmack.

Dramatisch war die Sache aber durchaus – vor allem, als Steve Wynn ins Geschehen eingriff. Es kam zu einer Art Schwergewichtskampf, von dem ich jede Minute genoss. Und ich wette, dass es Steve genauso ging. Wir sind bis heute gute Freunde.

Interessanterweise liefern wir beide jetzt den Stoff für einen Film, den HBO gerade über Atlantic City dreht. Ich habe eine Kopie des Drehbuchs. Steve und ich bekommen darin einiges ab; es ist weit von der Wahrheit entfernt.

Im Grunde lieferte Steve einen Katalysator für die Hiltons und für mich, um das zu bekommen, was wir wollten. War Steve ein Verlierer? Nein. Ich bekam das Gebäude, das ich haben wollte, aber Steve geht es ausgezeichnet. Die Schlacht um das Hotel trug zu seinem Ruf bei, und wahrscheinlich half ihm das sogar, noch größere Geschäfte abzuschließen.

Falls es der HBO-Film überhaupt jemals ins Fernsehen schafft: Glauben Sie nicht, was Sie da sehen. Andere Fernsehbeiträge vermitteln ein wesentlich besseres Bild der Wirklichkeit. Bei guten Verhandlungen gewinnen alle Beteiligten.

Verlassen Sie Ihre Deckung – aber nur gezielt

Geben Sie Ihren Verhandlungspartnern ein kleines Stückchen Information oder äußern Sie eine provokante Meinung, und achten Sie auf die Reaktion.

Wenn Sie etwas Ungewöhnliches sagen, erhalten Sie vielleicht eine sehr aufschlussreiche Antwort. Ich mache in Meetings manchmal eine heftige Bemerkung, nur um zu sehen, ob die anderen Beteiligten mitspielen oder Stellung beziehen und mir widersprechen. Das ist eine gute Möglichkeit, den Eifer der Leute am anderen Ende des Tisches einzuschätzen. Möchten sie geliebt werden? Können sie mit Unwägbarkeiten umgehen? Sind sie aufrichtig?

Sie müssen natürlich wissen, dass Ihr Verhandlungspartner vielleicht auch nur blufft. Bei ernsthaften Geschäften sind Bluffer aber fehl am Platz. Erkundigen Sie sich über die Vergangenheit der Leute.

Es überrascht mich immer wieder, wenn Neulinge in der Immobilienbranche meinen, sie könnten mich mit schnellem und wichtigtuerischem Gerede beeindrucken. Der Bau eines großen Gebäudes ist eine sorgfältige Arbeit und ich brauche sorgfältige Leute dafür, die sich die nötige Zeit nehmen. Ich will keine Leute, die meinen, sie könnten das in Rekordzeit erledigen. So etwas kann zu einer Katastrophe führen.

Ich erinnere mich an einen Bauunternehmer, der nichts unversucht ließ, mich von seiner Schnelligkeit zu überzeugen. Seine Zeitschätzungen waren derart realitätsfremd, dass ich ihn nicht ernst nehmen konnte. Aber ich ließ ihn reden, um herauszufinden, ob und wie stark er wirklich an das glaubte, was er da erzählte. Er dachte später bestimmt, er habe mich an einem schlechten Tag erwischt, an dem ich unzugänglich war. Das war ich aber nicht – ich glaubte ihm nur nicht. Ich sagte ihm, er habe mir genau das erzählt, was ich niemals hören wollte. Sein Angebot wurde als Erstes gestrichen.

Sturheit kann ein wertvolles Gut sein

1974 schloss ich mein erstes großes Geschäft ab. Es ging dabei um das alte Commodore Hotel in der Nähe der Grand Central Station an der 42. Straße in New York City. Das Hotel stand leer, abgesehen von einem schäbigen Club namens Plato's Retreat und einigen heruntergekommenen Läden im Erdgeschoss.

Das Grundstück gehörte der Penn Central Railroad, die pleite war und der Stadt New York 15 Millionen Dollar an rückständigen Steuern schuldete, die die Stadt dringend brauchte. Die Stadt war kurz davor, ihre Schuldverschreibungen nicht mehr bedienen zu können, und die Banken dachten gar nicht daran, Immobilien in Manhattan als Sicherheiten für Kredite zu akzeptieren.

Ich wollte das Commodore zu einem erstklassigen Hotel umbauen. Mein Plan umfasste sechs Punkte:

1. Der Eisenbahngesellschaft das Grundstück abkaufen.
2. Die Gesellschaft dazu bringen, dass sie den Kaufpreis dazu verwendet, ihre Steuerschulden zu begleichen.
3. Eine Behörde des Staates New York davon überzeugen, eine Besitzurkunde über das Grundstück anzunehmen und alle bestehenden Mietverträge aufzulösen.
4. Die Stadt dazu bringen, anstelle von Steuern eine festgelegte Pacht und eine Gewinnbeteiligung zu akzeptieren.
5. Einen großen Hotelbetreiber als Partner gewinnen, weil ich in der Hotelbranche keine Erfahrung hatte.

6. Eine Bank überreden, mir einen Kredit über 80 Millionen Dollar für den Bau des Hotels zu gewähren.

Als ich meinem Anwalt George Ross zum ersten Mal von meinen Plänen erzählte, erklärte er mich für verrückt, weil ich in einem so schlechten wirtschaftlichen Umfeld ein derartiges Wagnis eingehen wollte. Ich sagte ihm, ich sei fest dazu entschlossen. Er erklärte sich einverstanden, mir zu helfen.

Zwei Jahre lang hielt ich hartnäckig an meinem Plan fest. Und schließlich zahlte sich das aus.

Die Eisenbahngesellschaft verkaufte mir das Grundstück für zwölf Millionen Dollar und verwendete das Geld zur Zahlung ihrer Steuerschulden.

Die Urban Development Corporation (UDC) akzeptierte die Besitzurkunde und erklärte sich einverstanden, alle existierenden Mietverhältnisse aufzulösen, wenn ich den Mietern alle daraus erwachsenden Schäden erstattete.

Die Stadt war mit der fixen Pacht und einer Gewinnbeteiligung einverstanden.

Hyatt wurde mein Partner und beteiligte sich mit 50 Prozent.

Ich erhielt einen Kredit von der Bowery Savings Bank, der die Kosten des Kaufs und des Umbaus abdeckte.

Aus dem Hotel wurde das Grand Hyatt.

Die Tatsache, dass ich stur geblieben war und einen Erfolg verbuchen konnte, den andere für unmöglich gehalten hatten, verhalf mir zu einem Blitzstart in meiner Karriere im Bau- und Immobiliengeschäft.

Haben Sie Geduld

Ich bewege mich gern schnell voran, aber ich bin geduldig, wenn die Situation Geduld erfordert. Die Geschwindigkeit hängt von den Umständen ab, und ich verliere mein Ziel nie aus den Augen. Schon allein das kann eine Geduldspille sein. Auf manche Geschäfte habe ich nur fünf Minuten gewartet, auf andere 15 Jahre.

Wenn man einen Geschäftsabschluss beschleunigen will, ist es eine gute Taktik, einen Mangel an Interesse zu demonstrieren. Das bringt die Gegenseite oft dazu, ihre Anstrengungen zu erhöhen, damit Bewegung in die Sache kommt. Ich war einmal sehr an einem bestimmten Geschäft interessiert, aber ich ahnte, dass es nicht besonders klug gewesen wäre, dies der anderen Seite offen zu zeigen. Daher reagierte ich nicht auf deren Anrufe und tat mein Bestes, um zurückhaltend zu wirken. Dann sagte ich, ich würde für ein paar Wochen auf Reisen gehen und mich danach wieder melden. Während ich „auf Reisen" war, nutzte die Gegenseite die Zeit dazu, ihre Position zu modifizieren und mir ein Angebot zu machen, das meinen Wünschen fast exakt entsprach.

Das ersparte uns allen viele Verhandlungen.

Eine gute Taktik zur Verzögerung von Verhandlungen ist es, die Gegenpartei abzulenken. Man kann zum Beispiel ein paar Bemerkungen darüber fallen lassen, ein bestimmter Aspekt des Geschäfts müsse noch genauer untersucht werden. Man kann auch andere Geschäfte und Grundstücke als Beispiele heranziehen. Das drängt die Gegenseite in eine Richtung ab, die Zeit und Konzentration kostet. Während die anderen so vom eigentlichen Thema abgelenkt werden, haben Sie immer noch Ihr Ziel vor Augen.

Einmal stand ich mitten in Verhandlungen, über die ich sehr schnell die Kontrolle zu verlieren drohte. Plötzlich fragte ich meine Verhandlungspartner, ob sie die Geschichte eines bestimmten Gebäudes kannten und legte ihnen nahe, dieses Wissen könne von entscheidender Bedeutung sein. Sie dachten, diese Sache müsse für das Vorhaben wichtig sein, an dem wir gerade zusammenarbeiteten. Also bremsten Sie sich ein wenig und nahmen sich die Zeit, sich über die Angelegenheit zu informieren. So gewann ich wieder die Kontrolle über die Verhandlungen und hatte genug Zeit, alles nach meinen Vorstellungen zu gestalten. Ich hatte die Oberhand gewonnen.

Wenn man an der Spitze steht, hören die Anrufe niemals auf

Greifen Sie zu dramatischen Mitteln

1999 begann ich mit dem Bau des höchsten Wohngebäudes der Welt, dem Trump World Tower an der United Nations Plaza.

Die Lage war einzigartig – im Osten von Manhattan, neben dem Gebäude der Vereinten Nationen, mit Blick auf den Fluss und auf die Stadt. Es war eine heiße Sache, aber nicht jeder war glücklich damit. Vor allem einige Diplomaten bei den Vereinten Nationen waren es nicht, denn sie fürchteten, ihr 38-stöckiges Gebäude könnte von unserem Turm mit seinen 90 Stockwerken in den Schatten gestellt werden. Wie CNN meldete, hatte UN-Generalsekretär Kofi Annan bestätigt, mit dem New Yorker Bürgermeister Rudolph Giuliani über das Projekt und über Möglichkeiten gesprochen zu haben, es zu verhindern.

„Es passt nicht hierher", sagte der ukrainische Botschafter Wladimir Jeltschenko zu CNN, „denn es überschattet das Gebäude der Vereinten Nationen."

Als die Proteste hörbar wurden, verlegte ich mich auf meine eigene Art der Diplomatie und weigerte mich, irgendetwas Negatives über die Vereinten Nationen zu sagen. Ich wagte die Vorhersage, viele Botschafter und UN-Beamte würden Wohnungen in meinem Gebäude kaufen. Und natürlich taten sie das auch.

Wir waren aber kaum im Geschäft, als die Stadt uns mit einer enormen Steuerforderung traf, die mehr als 100 Millionen Dollar höher war als das, was wir erwartet hatten. Wir entschlossen uns also zur einzig möglichen Vorgehensweise: Wir verklagten die Stadt auf 500 Millionen Dollar.

Die Rechtsstreitigkeiten dauerten vier Jahre. Die Rechtsanwälte der Stadt beharrten auf ihrem Standpunkt und wir auf dem unseren. Wir hätten aufgeben können. Es ist nicht leicht, einen Prozess gegen die Regierung zu gewinnen, vor allem, wenn es um Steuern geht, aber wir wussten, dass wir im Recht waren.

Nach vielen Verhandlungen schlossen wir schließlich einen Vergleich. Die Stadt erklärte sich einverstanden, unsere Steuern um 17 Prozent zu senken und uns den von uns angestrebten Steuernachlass für zehn Jahre zu gewähren, wenn wir unsere Rechtsanwälte zurückzögen und 200 Sozialwohnungen in der Bronx subventionierten.

Der Prozess sparte uns schätzungsweise 97 Millionen Dollar. Ohne unsere dramatische Vorgehensweise hätte wir keinen Cent davon gesehen.

Manchmal muss man zurückschlagen

Viele Jahre lang habe ich gesagt: Wenn dich einer schlägt, dann schlag zurück. Einmal habe ich den Fehler gemacht, das vor einer Gruppe von 20 Priestern zu sagen, die unter 2000 anderen Zuhörern im Publikum saßen. Einer von ihnen sagte: „Mein Sohn, wir hatten dich für einen viel netteren Menschen gehalten."

Ich antwortete: „Hochwürden, ich habe großen Respekt vor Ihnen. Sie werden in den Himmel kommen. Ich wahrscheinlich nicht. Aber, ehrlich gesagt, solange wir auf der Erde sind, muss ich nach meinen Grundsätzen leben."

Wenn Ihnen jemand weh tut, dann sollten Sie so hart und gewaltsam zurückschlagen wie Sie können. Wie es in der Bibel heißt: Auge um Auge.

Seien Sie misstrauisch. Diese Bemerkung hört sich zwar nicht gut an, aber sehen wir den Tatsachen ins Auge: Möglicherweise will Ihnen sogar Ihr bester Freund Ihre Frau und Ihr Geld abjagen. Wie ich jede Woche in *The Apprentice* sage: Die Welt ist ein Dschungel. Wir sind schlimmer als Löwen – sie tun es schließlich, um Nahrung zu bekommen. Wir tun es wegen des Jagdfiebers.

In letzter Zeit bin ich, was Vergeltung und Misstrauen betrifft, ein wenig nachgiebiger geworden. Noch immer halte ich beide für erforderlich, aber ich habe bemerkt, dass man mit Vergeltungsmaßnahmen viel Zeit verschwenden kann, die man besser auf andere Projekte und Geschäfte verwenden sollte, sogar auf die Verbesserung der eigenen Lebenssituation. Wenn man etwas Negatives relativ problemlos aus seinem Leben verbannen kann, dann sollte man das auch tun. Man kann viel Zeit sparen, wenn man fiese Zeitgenossen als eine Form von moralischer Zersetzung betrachtet, ohne die man besser dran ist.

Aber manchmal muss man einfach zurückschlagen.

Ich habe mich zum Beispiel vor einiger Zeit dazu bereit erklärt, eine kleine Summe in ein neues Restaurantprojekt zu investieren. Ich tat es in der Erwartung, dieses Geld sei zum Fenster hinausgeworfen, denn die meisten solchen Clubs haben keinen Erfolg. Ich mochte die beiden jungen Männer, die mich um das Investment gebeten hatten, und wollte sie unterstützen. Außerdem hatte mich ein Freund gebeten, ihnen zu helfen.

Als das Restaurant eröffnet wurde, erwies es sich als Volltreffer. Es bildeten sich Schlangen von Leuten, die hinein wollten. Das Geld floß in Strömen. Es war unglaublich.

Etwa ein Jahr später stellte ich fest, dass ich von den Besitzern noch keinen einzigen Dollar erhalten hatte. Keine Rückzahlung meiner Investition und schon gar keine Gewinnbeteiligung. Ich rief zwei von den Leuten an, die mich zu dem Geschäft überredet hatten und sagte: „Jungs, ich erkenne Erfolg, wenn ich ihn sehe. Ihr solltet eure Geldgeber auszahlen."

Einer von ihnen sagte: „Oh, wir arbeiten so hart, und das Geld kommt einfach nicht schnell genug herein."

Meine Antwort: „Blödsinn! Ich glaube das nicht." Wie ich es sah, lebten sie wie die Könige.

Schließlich erhielt ich die erste Zahlung; es war nur ein Bruchteil meiner Investition. Ich war zornig und schickte einen wütenden Brief an den Geschäftsführer, in dem ich eine Buchprüfung verlangte.

Ich bin ein instinktiver Geschäftsmann und hasse es, übers Ohr gehauen zu werden. Ich kann ihnen keine Unregelmäßigkeiten nachweisen, ohne dafür mehr auszugeben, als meine Investition wert ist, aber nach meiner Schätzung müssten Investoren wie ich bis heute etwa das Sechsfache ihrer Einlagen erhalten haben.

Wenn ich die Männer heute sehe, denen ich damals helfen wollte, dann winken sie in meine Richtung, und ich wende ihnen den Rücken zu. Für sie ist das Dumme an der Sache, dass ich ihnen wahrscheinlich Millionen für ihr nächstes Geschäft beschafft hätte, wenn sie mich und ihre anderen Investoren fair behandelt hätten.

Vielleicht verklage ich sie doch noch, nur um meinen Standpunkt klar zu machen. Das Geschäftsleben kann hart sein, aber man muss seinen Prinzipien treu bleiben.

Manchmal muss man an einem Groll festhalten

Jahrelang habe ich Mario Cuomo unterstützt, den Gouverneur von New York. Ich war einer seiner größten Wahlkampfspender. Solange er im Amt war, habe ich ihn nie um etwas gebeten. Für meine großzügige Unterstützung dankte er mir und anderen bedeutenden Wahlkampfspendern regelmäßig mit einer Immobilienbesteuerung, die so hoch war, dass sie viele Investoren aus der Stadt vertrieb. Sie wurde als Cuomo-Steuer bekannt.

Nachdem er bei der Wiederwahl gegen George Pataki, einen besseren Mann (und Gouverneur), unterlegen war, rief ich ihn an und bat ihn um einen absolut legalen Gefallen. Es ging dabei um eine Information aus dem Department of Housing and Urban Development, das damals von seinem Sohn geleitet wurde.

Mario meinte, das sei schwierig für ihn, denn er rufe den „Departmentleiter" nur selten in geschäftlichen Angelegenheiten an.

Ich sagte ihm: „Mario, er ist nicht der Departmentleiter. Er ist dein Sohn."

Mario meinte: „Ja, aber ich sehe ihn als Departmentleiter und nenne ihn auch so – er hat eine sehr veranwortungsvolle Aufgabe zu erfüllen."

Natürlich verstand ich Marios Bedenken wegen einer eventuellen Ungebührlichkeit, aber es handelte sich um eine Sache, die nicht den geringsten Hauch von Fragwürdigkeit hatte. Es war eine einfache, offene Bitte um Auskunft; um eine Sache also, die unter Freunden im privaten wie im öffentlichen Bereich alltäglich ist. Endlich fragte ich Mario ganz offen: „Also: Wirst du mir helfen oder nicht?"

Seine Antwort war sehr höflich, aber letztlich lautete sie: nein.

Da tat ich das, was ich für das einzig Richtige hielt. Ich begann zu brüllen.

„Du Hurensohn! Jahrelang habe ich dir geholfen und dich nie um etwas gebeten. Und jetzt, wo ich etwas von dir brauche, noch dazu etwas völlig Reguläres, bist du nicht für mich da! Du bist ein Taugenichts. Du bist einer der illoyalsten Leute, die ich je kennen gelernt habe, und meinetwegen kannst du zur Hölle fahren!"

Ich war so laut, dass zwei, drei Leute aus benachbarten Büros hereinkamen und fragten, wen ich da anbrüllte. Ich sagte ihnen, es sei Mario Cuomo, ein völliger Versager, ein lausiger Gouverneur und ein untreuer früherer Freund. Wenn ich Mario heute bei offiziellen Anlässen begegne, verhalte ich mich so, als würde ich ihn nicht kennen. Ich rede nicht mit ihm und schaue ihn nicht einmal an.

Ich muss allerdings hinzufügen: Marios Ehefrau Matilda ist eine feine Frau und war meiner Mutter eine großartige Freundin. Es ist nicht ihre Schuld, dass ihr Mann ein Versager ist.

Ein anderer gescheiterter Politiker, der mich enttäuscht hat, ist ein Mann namens Pete Dawkins. Manche nennen ihn auch General Pete Dawkins. Er hatte ein interessantes Leben geführt: Offiziersausbildung in West Point, Gewinn der Heisman Trophy, Stipendium in Rhodes – aber wie ich erfahren musste, war auch er eine echte Pfeife. Als er in New Jersey gegen Frank Lautenberg als Senator kandidierte, veröffentlichte ein Magazin namens *Manhattan* einen vernichtenden Artikel über ihn, der ihn zusammenfaltete wie einen kaputten Regenschirm.

Eines Tages kam er in mein Büro und bat um meine Unterstützung beim Bau eines Denkmals für die Vietnam-Veteranen in Lower Manhattan. Er bat mich um eine Million Dollar (oder mehr), weil er, wie er sagte, beim Spendensammeln wenig Glück hatte.

Ich beschloss, ihm zu helfen, weil keine Soldaten jemals schlechter behandelt worden sind als die mutigen Leute, die aus Vietnam zurückkamen. Verwundet und verstümmelt, waren sie zuhause psychischen Attacken ausgesetzt, nachdem Sie im Krieg ihr Leben riskiert hatten.

Ich stellte über eine Million Dollar zur Verfügung und, fast genauso wichtig, ich half bei der Entstehung des Denkmals, indem ich die besten Bauunternehmer der Stadt engagierte. In Zusammenarbeit mit den Gewerkschaften sorgten wir dafür, dass das Monument rasch, gut und kostengünstig entstand. Bei der Einweihung ließ Pete Dawkins sich feiern.

Viele Jahre später arbeitete er in gehobener Stellung bei der Citibank. Ich rief ihn an und bat ihn um einen kleinen Gefallen. Er sollte etwas für mich in Erfahrung bringen. Eine ganze Weile ließ er nichts von sich hören, und daher rief ich ihn noch zwei Mal an. Endlich sagte er: „Ich kann da wirklich nichts für dich tun, Donald. Ich will mich da nicht einmischen." Ich sagte Dawkins, der Artikel in *Manhattan* habe ihn treffend beschrieben. Ich halte ihn für einen der am stärksten überschätzten Männer, mit denen ich je zu tun hatte.

Manchmal muss man an einem Groll festhalten.

Die immens erfolgreiche Miss-Universum-Show. Von links nach rechts: Charles Gargano, Stephanie Seymour, Evander Holyfield, Miss Universum Wendy Fitz-Williams, ich und NFL-Star Bruce Smith. Ebenfalls auf dem Bild: Kylie Bax (Dritte von rechts) und Sirio Maccioni (ganz rechts).

Lernen Sie den Wert des Wortes *nein* zu schätzen

1996 kaufte ich die Miss Universe Organization und verkaufte sofort die Hälfte des Unternehmens an CBS, der damit nicht nur unser Sender, sondern auch Miteigentümer war. Dieses Konzept, bei dem der Sender das Endprodukt besaß, war ziemlich neu, und es hätte eigentlich für alle Beteiligten von Vorteil sein müssen. CBS konnte Zwischenhändler ausschalten und bezahlte somit niedrigere Lizenzgebühren. Theoretisch hätte der Sender als Miteigentümer auch alle Möglichkeiten nutzen können, für das Produkt zu werben.

Die Partnerschaft war ein tolles Konzept, aber nach fünf Jahren war es nicht so gelaufen wie geplant. CBS war nicht dazu bereit, für die Show so zu werben, wie ich es mir vorstellte. Als das Kabelfernsehen dem Sender immer mehr Marktanteile abnahm, wurde Werbung im Fernsehen noch wichtiger, um die Zuschauer an sich zu binden, doch nichts dergleichen geschah. Zu allem Überfluss nahm CBS auch noch markante Änderungen am Konzept der Shows vor. Man machte Musik-Specials im Stil von MTV daraus, was auf Kosten der Sendezeit ging, in der sich die am Wettbewerb teilnehmenden Frauen präsentieren konnten. Ich bin kein Programmplaner, aber ich denke, dass Leute sich Schönheitskonkurrenzen anschauen, um schöne Frauen zu sehen.

Das soll nicht heißen, dass ich irgendetwas gegen Musiksendungen im Fernsehen einzuwenden hätte; es gab in den vergangenen Jahren einige solche Sendungen, die wirklich gut waren. Ein perfektes Beispiel war die Show zur Wahl der Miss Teen USA im Jahr 1999. Im Jahr zuvor war bei dieser Show eine unbekannte Boygroup namens *NSYNC aufgetreten. 1999 war daraus die bekannteste Band weit und breit geworden. Als Zeichen der Anerkennung waren die Bandmitglieder bereit, auch 1999 wieder bei dieser Show aufzutreten. Mitten in ihrer Sommertournee charterte die Band ein Flugzeug, flog am Tag der Sendung für acht Stunden ein und spielte zwei Songs. Sie waren großartig. Leider wusste niemand etwas darüber, denn CBS hatte keine einzige Werbesendung für die Show ausgestrahlt.

Im Februar 2002 stand die Frage einer Verlängerung der Sendelizenz an. Die aktuellen Einschaltquoten waren schwach, denn es gab so gut wie keine Werbung für die Shows, und CBS strahlte sie immer gegen härteste Konkurrenz durch das Programm anderer Sender aus. CBS-Chef Les Moonves sagte, er sei nicht bereit, mit den Verhandlungen vor Ende der Saison zu beginnen. Die Saison endete im August, und ich wusste, dass bis dahin jeder Sender sein Programmschema festgelegt haben würde. Daher würde es keinerlei Spielraum für Verhandlungen mit einem anderen Sender mehr geben.

Ich schickte Les einen Brief und teilte ihm mit, ich wolle eine Option, CBS aus der Partnerschaft herauszukaufen. Diese Option sollte bis eine Woche nach der Ausstrahlung der Miss-Universum-Show im Mai gelten. Ich tat so, als sei ich an einer Fortsetzung der Shows nicht interessiert und schrieb ihm, falls ich die Option nicht ausüben würde, könnten wir damit beginnen, das Unternehmen zu verkaufen oder zu zerteilen. Ein paar Tage später hatten wir einen Deal – glaubte ich zumindest.

Ich schloss sofort einen Vertrag mit Jim Griffin von der William Morris Agency, um den Verkauf der Shows an andere Sender in Gang zu bringen. Außerdem rief ich meinen guten Freund Bob Wright an, den Chairman und CEO von NBC, um ihm mitzuteilen, dass die Shows eventuell zu haben seien. Ich wusste, dass NBC vor kurzem den Sender Telemundo aufgekauft hatte, und die Shows waren auf den lateinamerikanischen Märkten äußerst beliebt. Es sah so aus, als ergäbe sich eine großartige Möglichkeit für eine mehrfache Verwertung.

In der Zwischenzeit hatte CBS aufgegeben und uns freie Hand gelassen, wieder zu den Ursprüngen des Showkonzepts zurückzukehren und den Schwerpunkt auf das zu legen, was in der Vergangenheit so gut funktioniert hatte: schöne Frauen. Wir konnten die Verantwortlichen auch davon überzeugen, die Show an einem Abend ohne übermächtige Konkurrenz durch andere Sender auszustrahlen, denn das würde auch zu mehr Werbewirksamkeit führen.

Das Ergebnis war, dass unsere Miss-Universum-Show im Jahr 2002 hervorragende Einschaltquoten erzielte. Es waren die siebthöchsten der Woche, und nach demographischen Kennzahlen geordnet sogar die höchsten. Die Show hatte sogar die Playoff-Spiele der NBA auf NBC hinter sich gelassen. Plötzlich war die Miss-Universum-Show zu einem sehr begehrenswerten Besitztum geworden.

Ich schrieb sofort einen Brief an Les Moonves und teilte ihm mit, ich würde meine Option ausüben, CBS aus der Partnerschaft herauszukaufen. Ich war geschockt, als Les die Meinung vertrat, wir hätten nie eine solche Vereinbarung getroffen. NBC stand schon in den Startlöchern. Nach einem wochenlangen Bieterstreit kaufte ich CBS dann doch noch aus dem Vertrag heraus und ging mit NBC eine neue Partnerschaft ein.

Beim ersten Treffen der neuen Unternehmensführung bat ich die Verantwortlichen für die Miss-Universum-Shows, einige der Ideen über gegenseitige Bewerbung wieder auszugraben, die wir CBS jahrelang vergeblich vorgetragen hatten. Innerhalb weniger Minuten erklärte sich Jeff Gaspin von NBC dazu bereit, im Vorfeld zur Wahl der Miss USA eine Sendung namens *Miss USA Fear Factor* zu produzieren. Außerdem wollte das NBC-Vormittagsmagazin *Today* fünfminütige Liveübertragungen von jedem Schauplatz der Shows bringen. Diese Ergebnisse waren erstaunlich. Jahrelang hatten wir versucht, bei der drittklassigen *CBS Morning Show* ein Bein in die Tür zu bekommen. Wir hatten nicht einmal eine Antwort auf unsere Anfragen erhalten. Jetzt bekamen wir erstklassige Werbung in der beliebtesten Vormittagssendung des Landes, und dazu noch im Internet durch NBC.com.

Miss USA Fear Factor erreichte die höchsten Einschaltquoten in dieser Serie, die Shows zu den Wahlen der Miss USA und der Miss Universum 2003 erzielten die höchsten Quoten, seit ich das Unternehmen gekauft hatte. Die zeitgleiche Ausstrahlung der Show auf Telemundo war eine der quotenstärksten in der Geschichte des Senders.

Das Konzept der gegenseitigen Werbung, das ich schon 1996 ins Auge gefasst hatte, wurde 2003 endlich realisiert, und das wäre niemals geschehen, wäre ich nicht entschlossen gewesen, mich von CBS zu trennen, *nein* zu sagen und anderswo nach einer besseren Chance zu suchen.

TEIL 5

Teil 5

Der Trump-Lifestyle

Die Kunst des Haarschmucks

Die Kunst des Haarschmucks

Ich werde schon seit Jahren für die Art kritisiert, wie ich mein Haar kämme, aber es war noch nie so schlimm wie seit der ersten Folge von *The Apprentice*. Das Magazin *New York* schrieb, ich trüge eine perfekte Mischung aus „Haartolle und Glatzenvertuschung". Die *New York Times* nannte mein Haar „eine kunstvolle Struktur, die nur ein Architekturkritiker angemessen würdigen kann".

David Letterman und Jay Leno machen sich regelmäßig darüber lustig. Matt Lauer, der zusammen mit Katie Couric die Sendung *Today* zu neuen Höhen geführt hat, sagte mir, ich sollte es aufgeben und mein Haar abrasieren oder mir eine Modefrisur von der Art zulegen, wie er eine hat. Pat O'Brien, der Star von *Access Hollywood*, sagte mir, er habe von Matt Lauers Kommentar gehört und sei völlig seiner Meinung.

Ich persönlich finde, dass mein Haar gut aussieht, aber ich habe nie behauptet, es sei meine größte Stärke. Ich sagte Pat und Matt, ich sei einfach nicht dazu bereit, meinen Stil zu ändern. Ich kämme mein Haar schon seit langer Zeit so, und daher kann ich das auch weiterhin tun. Die Quoten von *The Apprentice* sind enorm hoch, und vielleicht würden sie sinken, wenn ich plötzlich mein Aussehen veränderte.

Ich staune immer wieder, wie oft Leute mich fragen, ob ich ein Haarteil oder ein Toupet trage. Die Antwort ist ein ausdrückliches und kategorisches Nein. Ich trage kein Toupet. Mein Haar gehört zu 100 Prozent mir. Für meine Haartracht musste kein Tier leiden.

Ich muss allerdings zugeben, dass der Tag noch kommen könnte, an dem ich ein Haarteil oder ein Toupet aufsetze. Aber nur, falls ich glatzköpfig werden sollte, was hoffentlich nie passieren wird. Die Ursache liegt darin, dass ich, wie die meisten Männer, sehr eitel bin. Ich habe schon oft gehört, Männer seien eitler als Frauen, und ich glaube das auch. Männer reden nicht gern darüber, aber der Verlag bezahlt mir ein Vermögen für dieses Buch und wollte ausdrücklich ein Kapitel über die Kunst der Haargestaltung haben. Also bekenne ich mich zu meiner Eitelkeit.

Und ich gebe auch gerne einige meiner Geheimnisse preis.

Mein Haar sieht deshalb immer so ordentlich aus, weil ich selten mit den Unbilden des Wetters in Kontakt komme. Ich wohne in dem Haus, in dem ich arbeite. Ich fahre mit dem Lift vom Schlafzimmer ins Büro. Die restliche Zeit verbringe ich in meiner Stretchlimousine, meinem Privatflugzeug, meinem Hubschrauber oder meinem Privatclub in Palm Beach, Florida. Würde Matt Lauer so leben wie ich, dann hätte er seine Frisur vielleicht auch nicht verändert – obwohl sein Haar jetzt großartig aussieht.

Wenn ich mich schon einmal im Freien aufhalte, dann spiele ich wahrscheinlich auf einer meiner Anlagen Golf. Dort schütze ich mein Haar mit einer Golfmütze vor übermäßiger Beanspruchung. So halte ich mir auch die Paparazzi vom Hals. Außerdem steht auf der Mütze immer ein großes TRUMP-Logo, was eine automatische Werbung bedeutet.

Ich gebe auch zu, das ich mein Haar färbe. Irgendwie sieht die Farbe nie besonders gut aus, aber, zum Teufel, ich mag graues Haar einfach nicht.

Ich frage mich, wie lange mein Haar noch ein Gesprächsthema im ganzen Land sein wird. Letterman und Leno waren witzig, Joy Behar dagegen ist eine Frau, die ich schlichtweg nicht mag. Sie arbeitet für Barbara Walters in *The View*. Wochenlang attackierte sie mich und behauptete immer wieder, ich trüge ein Toupet. Also riefen Barbara und ihre Mitarbeiter mich an und fragten, ob ich als Überraschungsgast in ihrer Show auftreten würde. Ich tat es. Als ich mit den Fingern durch mein Haar fuhr und bewies, dass es echt ist, lachten alle, und damit hielt ich die Sache für erledigt.

Nach der ersten Sendung von *The Apprentice* war Joy Behar mit den anderen Mitarbeitern von *The View* zu Gast in *The Tonight Show*. Aus heiterem Himmel begann Jay Leno über den großen Erfolg von *The Apprentice* zu sprechen. Star Jones schwärmte von der Sendung, und die anderen taten es auch – mit Ausnahme von Joy Behar, einer Frau ohne Talent und mit einem fürchterlichen Akzent, die wieder begann, mein Haar zu kritisieren. Ich habe schon immer gesagt, dass die Show ohne sie besser wäre. Ich hatte ihr einen Gefallen getan, indem ich als Gast zur Show gekommen war, aber das wurde mir nicht gedankt. Bei bestimmten Leuten lohnt es sich einfach nicht, nett zu sein.

Es wäre möglich, dass ich für die zweite Staffel von *The Apprentice* meinen Look überdenke. Aber wahrscheinlich eher doch nicht, denn offensichtlich funktioniert er.

Klatsch

Ob man nun eine Luxuswohnung baut oder einen Schönheitswettbewerb veranstaltet – man muss den Leuten geben, was sie wollen.

In einem Buch wie diesem bedeutet das: Ein paar gute Ratschläge, einige Weisheiten, ein wenig Klatsch und einen Hauch von Ruhm.

Was die Weisheiten und die Ratschläge betrifft, habe ich mein Bestes getan. Hier nun ein Beitrag zur Moral: Eine Geschichte aus Palm Beach über Klatsch und Ruhm.

Ich hatte einmal einen Freund, der wohlhabend, erfolgreich und *sehr* verheiratet war. Monatelang hörte ich Gerüchte, er habe eine Affäre mit einer nicht weniger erfolgreichen Geschäftsfrau, die ebenfalls *sehr* verheiratet war. Das war kaum zu glauben. Sie war eine umwerfende Schönheit und hätte wohl jeden Mann haben können, den sie wollte. Es erschien mir sehr unwahrscheinlich, dass sie sich ausgerechnet für meinen Freund entschieden hatte.

Die Gerüchte aber verstummten nicht. Eines Tages lud mich mein Freund zu einem Abendessen mit der umwerfenden Frau und ihrem Ehemann ein. Ich verschwieg ihm nicht, wie seltsam ich diese Einladung fand. „Seit einer ganzen Weile höre ich jetzt schon, dass du eine Affäre mit ihr hast. Findest du es nicht ein wenig unpassend, sie zum Dinner auszuführen, wenn ihr Mann mit am Tisch sitzt?“

Zu meiner Überraschung bestätigte mein Freund, dass er eine Affäre mit dieser Frau hatte, dass ihr Ehemann nichts davon wusste, und dass er (mein Freund) bis über beide Ohren verliebt war. Seine Frau, die mit einem steinharten Gemüt gesegnet war, würde das weder schätzen noch verstehen.

Ohne etwas von den Geheimnissen meines Freundes zu enthüllen sagte ich meiner Freundin Melania, sie solle sich auf einen turbulenten Abend gefasst machen.

Wir hatten also ein Abendessen in einem Restaurant. Normalerweise hätte ich die Szene höchst amüsiert beobachtet, aber der Ehemann der Geschäftsfrau war ebenfalls ein Freund von mir, und daher war ich in einer prekären Situation. Da saßen wir alle, als ob nichts passiert wäre, aber die Stimmung war angespannt, und jeder konnte es fühlen. Beim Verlassen des Restaurants sah ich, wie mein Freund die Geschäftsfrau auf äußerst vertraute Art und Weise um die Hüfte fasste. Ihr Ehemann war gerade nicht in Sichtweite, aber trotz allen Unglaubens und aller Verblüffung war mir klar, dass zwischen den beiden etwas im Gang war.

In den folgenden Wochen rief mein Freund mich ständig an und erzählte mir, wie sehr er diese Frau liebte. Er sagte, er würde alles dafür tun, mit ihr zusammen sein zu können, und dass sie seine Liebe erwiderte. Er rief so oft an, dass Melania fragte: „Warum ruft er dauernd an? Was geht da vor?" Als ich Melania von der Affäre erzählte, konnte sie es kaum glauben. Wie ich schon sagte: Diese Geschäftsfrau ist eine umwerfende Schönheit, und mein Freund ist nicht gerade Brad Pitt – obwohl er sehr reich ist und einige Frauen ihn nett finden.

Schließlich, nach ungezählten Anrufen, sagte ich ihm: „Hör zu, veralberst du mich, oder stimmt das alles?"

Er sagte: „Es stimmt! Es stimmt! Ich komme zu dir und beweise es dir!" Er musste mir nichts beweisen. Was ging mich das an? Aber ich sagte ihm, er solle kommen.

Nach seiner Ankunft erzählte er mir, wie sie sich kennen gelernt hatten, wie die Beziehung lief, alle schmutzigen Einzelheiten. Ich war mir noch immer nicht sicher, ob ich ihm glauben konnte, aber dann spielte er mir eine Kassette aus seinem Anrufbeantworter mit der Aufzeichnung eines ihrer Anrufe vor. Sie sagte derart intime Dinge, wie sie eine Frau nur ihrem Liebhaber sagt. Es war wirklich peinlich und schmutzig, und ich erkannte ihre Stimme genau. Ich hatte keinerlei Zweifel mehr, was da vor sich ging.

Noch eine ganze Weile rief mein Freund mich immer wieder an, um mir zu erzählen, wie sehr er diese Frau liebte. Wenn ich bei seinen Anrufen gerade in Palm Beach war, sah ich einfach weiter in den Fernsehapparat und hörte ihm höflich zu. Ich hatte das Gefühl, er betrachtete mich vor allem als seinen Psychiater.

Dann geschah, was geschehen musste. Der Ehemann der Frau fand alles heraus, rief meinen Freund an und drohte, ihn umzubringen. Weit mehr erschütterte meinen Freund aber der nächste Anruf. Er kam von der Frau, die sagte, sie werde ihn nie mehr wiedersehen oder mit ihm sprechen, denn sonst würde ihr Mann der Frau meines Freundes alles über die Affäre erzählen. Mein Freund war am Boden zerstört. Er versuchte später immer wieder, seine Exgeliebte zu erreichen, aber sie ging nicht ans Telefon.

Wie nicht anders zu erwarten, fand seine Frau alles heraus. Wahrscheinlich hatte der Mann der Geschäftsfrau sie angerufen, oder sonst jemand.

Etwa sechs Monate später traf ich die Geschäftsfrau in einer Galerie, und sie stellte mich zur Rede. „Donald," sagte sie, „ich höre, dass du in der ganzen Stadt Gerüchte über mich verbreitest. Was du getan hast ist schrecklich, und die Gerüchte über mich und X sind nicht wahr. Kannst du dir vorstellen, dass ich mit ihm ausgehe?" Nachdem ich mir ihre Anklagen und ihr Leugnen eine Viertelstunde lang angehört hatte, war mir klar, dass sie eine der besten Verkäuferinnen war, die ich je gesehen hatte. Hätte ich nicht ihre Stimme auf dieser Kassette aus dem Anrufbeantworter gehört, ich hätte ihr ohne Einschränkungen geglaubt. Sie sagte, sie könne es einfach nicht fassen, dass die Leute dachten, sie habe ein Verhältnis mit meinem Freund gehabt. „Warum sollte ich das tun? Was ist denn an ihm dran? Kannst du mir das erklären?"

Ich hielt die Sache damit für abgeschlossen, aber dann merkte ich, dass mein Freund mich schon längere Zeit nicht mehr angerufen hatte. Ich wollte wissen, wie es ihm ging, und darum rief ich ihn an. Er war nicht da und rief auch nicht zurück. Ich rief noch einmal an, und wieder erfolgte keine Reaktion. Ich rief ein drittes und ein viertes Mal an. Keine Reaktion.

Später erfuhr ich, dass seine Frau mir die Schuld an der ganzen Affäre gegeben hatte. Sie glaubte, ich hätte ihn mit dieser Frau bekannt gemacht. Offenbar hatte sie ihm gedroht, sie würde sich scheiden lassen, falls er je wieder mit mir spräche.

Ganz offensichtlich hat er mich als Sündenbock benutzt. Das Komische daran ist Folgendes: Es hätte mir nichts ausgemacht, ich hätte ihm aus der Sache herausgeholfen und mitgespielt, wenn er, als guter Freund, anständig genug gewesen wäre, mich anzurufen und zu sagen: „Hör zu. Ich habe ein Problem. Kann ich die Schuld auf dich schieben?“ Selbst wenn es bedeutet hätte, dass er mich nicht mehr treffen oder mit mir reden durfte, hätte ich es akzeptiert, um seine Ehe nicht zu gefährden. Aber diesen Anruf hat es nie gegeben. Er hat das alles getan, ohne es mir zu erklären.

Heute reden wir nicht mehr miteinander, wenn wir uns in einem Restaurant oder bei einem offiziellen Anlass begegnen. Er weiß warum, und ich weiß es auch.

Wie ich hörte, hat er immer noch unter seiner Ehe zu leiden. Als Versöhnungsgeschenk kaufte er seiner Frau umwerfenden Schmuck. Aber offenbar hat sie ihn dazu gezwungen, die Juwelen zurückzugeben, weil sie ihr nicht groß und teuer genug waren. Er musste noch einmal zum Juwelier gehen und etwas noch Größeres, noch Teureres kaufen.

Page Six – auf meine Art

Die *New York Post* ist eine beliebte Tageszeitung in unserer Stadt. Ich lese sie jeden Tag, wie so viele andere Leute. Sie enthält eine zweiseitige Rubrik, die *Page Six* heißt. Die Rubrik steht zwar nicht auf Seite 6, aber man muss sie unbedingt lesen. Der zuständige Redakteur ist seit Jahren Richard Johnson, ein hoch talentierter Mann. Er scheint über alles informiert zu sein, und er weiß mehr über das Geschehen in New York als jeder andere, den ich kenne. Ob das nun gut oder schlecht ist: Ich erscheine oft in *Page Six*. Hoffentlich wird der Tag niemals kommen, an dem ich nicht mehr interessant genug dafür bin. Aber ich möchte hier meine Version von *Page Six* präsentieren, damit meine Leser auf dem Laufenden bleiben.

Sicher haben viele von Ihnen schon von **Ivana** gehört, meiner ersten Ehefrau, die mich „The Donald" getauft hat. Glücklicherweise kann ich berichten, dass es ihr gut geht. Sie lebt derzeit in Südfrankreich, und ich hoffe, dass sie eine gute Zeit erlebt. Wir haben ein gutes Verhältnis und sprechen oft miteinander. In New York City sind wir immer noch Nachbarn, und da wir drei großartige gemeinsame Kinder haben, halten wir uns für vom Glück gesegnete Menschen. Wir sind gute Freunde.

Marla, meine zweite Ehefrau, lebt in Los Angeles und ist so schön wie eh und je. Unsere bezaubernde Tochter Tiffany ist jetzt zehn Jahre alt. Ich sehe sie nicht so oft, wie ich möchte, aber wenn wir zusammen sind, genieße ich jede Minute.

Die vergangenen fünf Jahre habe ich mit meiner bezaubernden Freundin **Melania Knauss** verbracht, einem Model aus Slowenien. Wer ihr begegnet ist, wird sie nie vergessen. Ihre innere Schönheit steht der äußeren in nichts nach.

Mit Richard Johnson, dem bekannten Redakteur von Page Six

Mit der bezaubernden Melania Knauss

Dennoch ist sie eine sehr ruhige und sanfte Frau, die in mein überaus turbulentes Leben einen Sinn für Stabilität gebracht hat. Ich bin glücklich, dass Sie bei mir ist.

Mein ältester Sohn **Don Jr.** trat im September 2001 in die Trump Organization ein und hat sich schon als wertvolles Mitglied unseres Teams erwiesen. Wie ich hat auch er sein Examen an der Wharton School der University of Pennsylvania abgelegt. Später entschied er sich dafür, in das Familienunternehmen einzusteigen und zu sehen, was er von seinem Vater lernen kann. Er ist schwer in Ordnung und er wird Erfolg haben.

Ivanka, meine älteste Tochter, besucht derzeit die Wharton School. Sie hat schon eine erfolgreiche Karriere als Model absolviert und wird ihren Weg gehen, was immer sie auch tut.

Eric, mein jüngster Sohn, studiert an der Georgetown University und zeigt vielversprechende Anlagen. Wir erwarten Großes von ihm, und das sollte kein Problem sein, weil er schon jetzt 1,95 Meter groß ist. Wie Don Jr. ist auch er ein begeisterter Sportler.

Ich habe auch heute noch ein sehr enges Verhältnis zu meinem Bruder **Robert** und zu meinen Schwestern **Maryanne** und **Elisabeth**. Ihnen allen geht es gut, sie sind erfolgreich und produktiv.

Meine Eltern **Fred** und **Mary** sind 1999 beziehungsweise 2000 verstorben. Sie haben eine Lücke hinterlassen, die nie geschlossen werden kann. Was sie mir vorgelebt haben, wird immer ein wichtiger Teil meines Lebens sein.

Ich liebe meine Familie und beziehe daraus einen großen Teil meiner Motivation. Das war schon immer so, und es wird immer so bleiben. Bin ich ein reicher Mann? Ja, sogar ein sehr reicher.

Zum Glück habe ich auch einige großartige Freunde und Geschäftspartner. **Barbara Corcoran** ist eine wunderbare Frau, die beim Aufbau der Corcoran Group großartige Arbeit geleistet hat. Später hat sie das Unternehmen mit beträchtlichem Gewinn verkauft und seither große Erfolge erzielt. Ich bin nie überrascht, wenn ich höre, wie gut es ihr geht. Vor kurzem schickte mir ein Freund einen Artikel über Barbara, in dem man sie nach meinem Einfluss auf den Wohnungsmarkt gefragt hatte. Sie sagte: „Kein anderer hat den Luxuswohnungsmarkt in Manhattan so stark beeinflusst wie Donald Trump. Sein gewagtes Marketing hat die Art und Weise verändert, wie man über das Le-

Mit meiner Tochter Ivanka und meinem Sohn Eric an der Georgetown University

Mit Don Jr. und Eric im Mar-a-Lago Club in Palm Beach, Florida

ben in Manhattan denkt.“ Von Profis Komplimente zu erhalten ist immer eine schöne Erfahrung, und Barbara ist mit Sicherheit ein Profi.

Ein weiterer guter Freund von mir ist **Mohamed Al Fayed**, der Eigentümer des Kaufhauses Harrods in London. Mohamed hat in den vergangenen Jahren viel Leid erfahren. Es war sein Sohn Dodie, der mit Prinzessin Diana zusammen war. Viele von uns rechneten damit, dass die beiden bald heiraten würden – bis sie bei diesem tragischen Autounfall in Paris starben. Mohamed ist ein extrem treusorgender Vater. Er hat für seinen Sohn und dessen Andenken sehr viel getan. Ich wünschte, die Leute würden ihn besser verstehen. Er ist wirklich ein wertvoller Mensch.

Für **Jack Welch** empfinde ich die allergrößte Hochachtung. Er schreibt gerade ein Buch, und ich werde zu den ersten Käufern und Lesern gehören. Kaum einer, wenn überhaupt jemand, hat als Leiter eines Unternehmens jemals eine bessere Arbeit abgeliefert als er.

Jede Begegnung mit **George Steinbrenner** ist eine Freude für mich. Ehrlich gesagt ist er einzigartig, und er bekommt bei weitem nicht den Respekt, den er verdient. Ich weiß noch, als die Yankees kein einziges Spiel gewinnen konnten, als niemand ins Yankee-Stadion ging und die Mannschaft eine einzige Katastrophe war. George stellt nun jedes Jahr ein Team zusammen, das reif für die Meisterschaft ist. Er tut alles, um zu gewinnen, ob die Menschen ihn dafür lieben oder nicht.

Bei den Aufnahmen für *The Apprentice* sagte ich den Leuten von NBC, ich würde George gern dazu einladen, den Kandidaten eine Art von Vorlesung darüber zu geben, wie man gewinnt. So wie sie mich ansahen, dachten sie wohl, ich sei verrückt, denn die Szenen mussten noch am selben Tag abgedreht werden und am Tag darauf begann die Endspielserie um die Baseball-Meisterschaft. Ich wusste aber, welch guter Freund George ist, und daher war ich mir sicher, dass er es tun würde. Als ich ihn im Yankee-Stadion anrief, hob er sofort den Hörer ab und erklärte sich einverstanden. 30 Minuten später waren wir im Yankee-Stadion, und sogar die Topleute von NBC zeigten sich beeindruckt. Die Kandidaten gingen in Georges legendäres Büro, mit den Fotos von Babe Ruth, Joe DiMaggio, Mickey Mantle und vielen anderen Größen der New York Yankees an den Wänden. Sie machten große Augen, weil sie so etwas noch nie gesehen hatten. George war unglaublich nett.

Lange saß er mit den jungen Leuten zusammen, und ich war es schließlich, der ihm sagen musste: „George, du hast höllisch viel zu tun. Ich bringe die jungen Leute jetzt raus." Er ist wirklich ein großartiger Kerl. Die Leute werden ihn wohl erst dann richtig zu schätzen wissen, wenn er einmal nicht mehr da ist und die Yankees auf dem letzten Tabellenplatz stehen.

Ein weiterer Eigentümer eines Sportteams, der zu den Gewinnern gehört, ist **Bob Kraft**, der mithalf, die New England Patriots zu ihrem zweiten Gewinn der Super Bowl zu führen. Ich habe Bob in den vergangenen zwei Jahren kennen gelernt, und es gibt keinen feineren Gentleman als ihn. Er und seine Frau Myra treten sehr bescheiden auf. Mit seinen Söhnen hat Bob in New England auf methodische und brillante Weise eine starke Mannschaft zusammengestellt, die zuvor eine einzige Katastrophe gewesen war. **Tom Brady** ist der beste Quarterback im Football. Es gibt auch andere Quarterbacks mit beeindruckenden Statistiken, aber wenn es darum geht, in den letzten Spielminuten vier oder fünf Spielzüge abzuschließen, ist keiner besser als Tom. Mit den Spielern, die sie schon haben und in den bevorstehenden Drafts noch bekommen werden, können die New England Patriots in den nächsten Jahren nur noch besser werden.

Zwei weitere großartige Eigentümer von Sportteams sind **Jerry Jones**, der Besitzer der Dallas Cowboys, und **Bob Tisch**, dem die New York Giants gehören. Tisch hat auf jedem Gebiet große Erfolge vorzuweisen, sei es im Geschäftsleben oder im Sport. Er ist über 70 Jahre alt, aber er hat die Einstellung eines 20-, 30- oder 40-Jährigen.

Larry Silverstein, der Planer und Bauherr des neuen Gebäudekomplexes an der Stelle, wo das World Trade Center stand, ist ein guter Freund von mir. Aber ich hasse das, was dort gebaut werden soll. Es ähnelt einem Skelett, und ich kann einfach nicht glauben, dass Larry diesen Eindruck hervorrufen wollte. Er ist wohl gezwungen, Dinge zu tun, die er unter normalen Umständen nicht tun würde, und muss mit dem Strom schwimmen. Trotzdem bin ich sicher, dass er seine Aufgabe hervorragend lösen wird.

Auf *Page Six* werden oft Leute kritisiert und angegriffen, und da will ich natürlich nicht zurückstehen.

Dan Rather gehört nicht zu meinen Freunden. Vor einigen Jahren wollte er für die Sendung *60 Minutes* ein Porträt von mir drehen. Als wir in Mar-a-

Lago und im Trump International Golf Club in Florida unterwegs waren, hätte er gar nicht netter und respektvoller sein können. Ich war sicher, das Interview würde ein großer Erfolg werden.

Dann wurde die Sendung ausgestrahlt, und sie hätte gar nicht bösartiger sein können. Man zeigte mich, wie ich bei einer schlecht geplanten Veranstaltung in einem fast leeren Raum eine Rede hielt. Am Tag zuvor hatte ich diese Rede vor so vielen Leuten gehalten, dass kein Zuhörer einen Sitzplatz erhielt. Aber diese Rede zeigte *60 Minutes* nicht. Man wollte mich einfach so schlecht wie möglich aussehen lassen.

Dan Rather ist ein Rätsel für mich. Er hat absolut kein Talent, kein Charisma, keine Persönlichkeit, und doch entschuldigt sich CBS Jahr für Jahr für seine miserablen Quoten. Ich könnte irgendeinen Kerl von der Straße holen und ihn die Nachrichten auf CBS vorlesen lassen. Dieser Kerl würde bessere Einschaltquoten erzielen als Dan Rather. Wenn ich Rather bei Spielen der New York Yankees begegne, meide ich seine Nähe. Etwas Gutes muss ich aber doch über ihn sagen: Vor kurzem war er der Conférencier bei einem festlichen Abendessen der Police Athletic League zu Ehren des Bezirksanwalts Robert Morgenthau, der zu den großen Männern in der Geschichte New Yorks gehört. Dan rief mich an und sagte, er fühle sich sehr unwohl bei dem Gedanken, Conférencier eines Dinners zu sein, das unter meiner Schirmherrschaft stand. Ich sagte ihm, ich wisse seinen Anruf zu schätzen und hätte nichts gegen seine Tätigkeit als Conférencier einzuwenden. Er hat seine Aufgabe gut gelöst, aber ich werde nie vergessen, was er mir in *60 Minutes* angetan hat. Menschen verändern ihre grundlegende Natur nicht.

Ich möchte dieses Kapitel mit einer Geschichte über **Howard Cosell** abschließen, einen großartigen Sportkommentator, den ich in den letzten zehn Jahren seines Lebens kennen gelernt habe. Die Leute liebten Howard oder sie hassten ihn – dazwischen gab es nichts –, aber auf seinem Gebiet war er wirklich der Beste. Im Alter wurde er allerdings immer unfreundlicher zu den Leuten, die ihn liebten und zu seinem Erfolg beigetragen hatten. Er glaubte immer, Sportreporter zu sein sei unter seiner Würde. Er hatte stets den Wunsch, für den US-Senat zu kandidieren.

Howard konnte mit ehemaligen Sportgrößen, die er seit 30 Jahren nicht mehr gesehen hatte, auf der Terrasse sitzen und ihre exakten statistischen Daten nennen. Sein Gedächtnis war erstaunlich.

Dann schrieb er sein letztes Buch und stieß damit fast jeden vor den Kopf, den er kannte; von Roone Arledge bis Frank Gifford, der zu den nettesten Menschen weit und breit zählt. Das hat ihm sehr geschadet, denn alle seine Freunde wandten sich von ihm ab. Ich weiß noch, wie ich ihm sagte: „Howard, du kannst 20 Prozent der Leute vor den Kopf stoßen, vielleicht 25 oder 30 Prozent, aber nicht alle. In deinem Buch steht über niemanden etwas Positives. Das war ein Fehler. Auch ich teile gern aus, aber man kann nicht jeden angreifcn."

An diese Regel versuche ich mich zu halten, in diesem Buch und in meinem Leben.

Eine Woche im Leben

In *The Art of the Deal* und in meinen anderen beiden Büchern gab es jeweils ein Kapitel über eine typische Woche in meinem Leben. Als ich Mark Burnett traf, den geistigen Vater von *The Apprentice*, meinte er, dies sei sein Lieblingskapitel im Buch, und viele andere Leser haben dasselbe gesagt.

Hier also, auf allgemeinen Wunsch, ein Beispiel für eine durchschnittlich ereignisreiche Woche im Herbst 2003.

Dieses Kapitel enthält keine speziellen Hinweise darauf, wie man reich wird, aber es zeigt, wie ich Spaß habe, und ich bezweifle, dass ich ohne diesen Spaß so erfolgreich wäre wie ich es bin.

MONTAG

9.00 Uhr. Ich habe eine Besprechung mit dem Architekten Costas Kondylis; ein eleganter Start in die Woche. Costas und ich haben bei mehreren erfolgreichen Projekten zusammengearbeitet, darunter Trump World Tower an der United Nations Plaza, Trump Park Avenue (Ecke 59. Straße und Park Avenue, vor kurzem fertig gestellt) und, zusammen mit Philip Johnson, Skidmore Owings und Merrill, Trump Place, mein aus 16 Gebäuden bestehendes Projekt am Hudson River. Einige kennen dieses Gelände auch noch unter dem Namen West Side Yards. Ich beschäftige mich schon seit 1974 damit, als ich mir die Option sicherte, das Grundstück der Penn Central Railroad abzukaufen. Das war mein erstes größeres Geschäft in Manhattan. Jetzt, fast 30 Jahre später, reden wir über das fünfte und das sechste Gebäude, die gerade im Bau sind. (Gib niemals auf.)

Mein ältester Sohn Don Jr. nimmt auch an der Besprechung teil. Der Bau liegt im Zeitplan, und die drei ersten Wohngebäude waren ein großer Erfolg. Aber weder Costas noch ich neigen dazu, uns auf unseren Lorbeeren auszuruhen. Wir forschen nach möglichen Problemen und prüfen jedes Detail. Wäre Costas kein Architekt, dann würde er mit seiner peinlichen Sorgfalt auch einen sehr guten Chirurgen abgeben. Wir kommen hervorragend miteinander aus, und ich würde ihn als einen unserer besten Architekten auf eine Stufe mit Philip Johnson stellen.

Wir diskutieren auch über die Reaktionen auf den Stadtpark an den West Side Yards, den ich entworfen und der Stadt gestiftet habe. Ich hasse es, Menschen zu enttäuschen, aber meine Verleumder waren nicht sehr glücklich über mein Geschenk, das eine Fläche von zehn Hektar umfasst. Was soll ich sagen? Man kann es nun einmal nicht jedem recht machen, wie sehr man sich auch bemüht.

Ich sehe mir einige Küchen- und Badarmaturen an, und wir entscheiden uns für die besten und teuersten. Mein Name und meine Arbeit sind zu Synonymen für Qualität geworden, und das hat seine Gründe. Wir sparen an nichts, und zwar nie und nirgends. Don Jr. sagt, er freue sich schon auf das Richtfest für das Gebäude Nummer 4. Für Bauherren ist so etwas immer ein großer Tag. Man feiert, wenn der Rahmen des Gebäudes, die Grundstruktur, fertig gestellt ist, und alle am Bau Beteiligten treffen sich auf dem Dach zu einer Party.

9.30 Uhr. Norma kommt herein und sagt mir, Oscar de la Renta sei am Telefon. Costas und ich vereinbaren ein weiteres Treffen in einigen Wochen. Unsere neue Miss Universum, Amelia Vega, kommt aus Santo Domingo, wo auch Oscar de la Renta geboren ist. Er möchte sie kennen lernen, und das kann ich gut verstehen. Sie ist eine 1,80 Meter große Schönheit. Und wir sind nicht nur auf sie stolz, sondern auf den ganzen Wettbewerb um den Titel der Miss Universum, der zu einem extremen Erfolg geworden ist, seit ich die Rechte vor sieben Jahren gekauft habe. Wir haben bei den Einschaltquoten die Konkurrenz hinter uns gelassen und genießen auch international hohes Ansehen. Ecuador hat Millionen von Dollars dafür bezahlt, den Wettbewerb 2004 austragen zu dürfen, und wir freuen uns schon auf eine schöne Zeit dort. Aber zurück zu Oscar – er ist in jeder Hinsicht ein wundervoller Mensch. Seine makellose Arbeit spricht für sich selbst.

9.45 Uhr. Ich rufe einige von diesen mafiosen Sub-Unternehmern an, die versucht haben, mich übers Ohr zu hauen. Die Immobilienbranche kann ein mieses Geschäft sein, weil sie den Abschaum der Menschheit anzieht, aber man muss eben tun, was man tun muss. Ich zum Beispiel muss solche Leute anbrüllen.

10.00 Uhr. Ich habe drei Anrufer in der Leitung: Mark Brown, den CEO und Präsidenten meiner drei Casinos in Atlantic City, Woody Allens Büro und Bürgermeister Bloomberg. So sehr ich Mark und Woody Allen respektiere, nehme ich doch den Anruf des Bürgermeisters als ersten entgegen. Ich glaube, dass er seine Sache sehr gut macht, wenn man bedenkt, dass er einen der härtesten Jobs der Welt hat. Ein Unternehmen zu führen ist eine Sache; eine Stadt zu regieren ist eine andere Sache – vor allem diese Stadt.

Woody Allen reist vielleicht nach Florida und wird dort im Mar-a-Lago wohnen, meinem Club in Palm Beach. Ich habe einmal in einem Film von Woody Allen mitgespielt und lasse mir keinen seiner Filme entgehen.

10.30 Uhr. Ich trinke meine erste Diät-Cola des Tages. Ich weiß, dass ich Mineralwasser trinken sollte und tue es auch manchmal, aber ich liebe Diät-Cola. Irina Dvorovenko ruft an. Sie ist Ballerina im American Ballet Theatre. Sie ist nicht nur eine sensationelle Tänzerin, sondern auch eine unglaublich schöne Frau. Ich bin zwar nicht gerade ein Balletfan, aber wegen Irina könnte ich es noch werden.

Neal Cavutos Fernsehteam ist bereit für ein Interview. Ich frage, worum es gehen soll, und dann fangen wir an. Ich gebe schon seit Jahrzehnten Interviews, und daher fallen sie mir leicht, vor allem mit jemandem wie Neal, der nicht nur sympathisch, sondern auch hoch gebildet ist. Er und sein Team sind

Unser wunderbarer Bürgermeister Mike Bloomberg

Im Jahr 2000 mit Rudy Giuliani, einem anderen hervorragenden New Yorker Bürgermeister

absolute Profis. Und er hat die höchsten Einschaltquoten aller Wirtschaftssendungen im Kabelfernsehen.

11.00 Uhr. Während des Interviews haben 17 Leute angerufen, und ich beginne sie zurückzurufen, während immer wieder neue Telefonate hereinkommen. Nach so vielen Jahren im Beruf ist mir das Wissen, welche Prioritäten ich setzen muss, zur zweiten Natur geworden. Das ist sehr wichtig, wenn man sein Momentum aufrecht erhalten will, sogar an einem typischen Arbeitstag, und es ist unerlässlich, wenn man erfolgreich werden oder bleiben will. Von der „New Yorker Minute" hat jeder schon gehört. Aber das war einmal – heute gibt es die „New Yorker Sekunde". Das ist keine Übertreibung. Wenn man jeden Tag Hunderte von Telefongesprächen führen muss, dann zählen auch Sekunden. Ein festgefahrenes Gespräch kann einem eine Stunde lang das Momentum rauben. Wenn ich also sage, das Momentum sei entscheidend, dann meine ich das auch so. Sie werden das Momentum bemerken, wenn Sie es haben, und Sie werden auch merken, wenn es unterbrochen wird.

Ich rufe Joe Cinque zurück. Er hat eine leitende Stellung bei der American Academy of Hospitality Sciences, die die begehrte Auszeichnung „Five Star Diamond" vergibt. Meine Hotels haben diese Auszeichnung schon mehrmals erhalten. Joe ist ein geistvoller und großzügiger Mann, aber er ist schwer zufrieden zu stellen und sehr kritisch, wenn es um die Vergabe von Auszeichnungen geht. Er ist eben aus Sardinien zurückgekehrt und sagt mir, der Mar-a-Lago Club in Palm Beach sei seiner Meinung nach die schönste Hotelanlage, die er auf der ganzen Welt je gesehen hat. Wenn er so etwas sagt, dann will das etwas heißen. Ich habe Joe schon immer gemocht, und jetzt mag ich ihn noch mehr.

Ich rufe Regis Philbin zurück. Er und seine Frau Joy gehören zu meinen engsten Freunden. Privat ist er noch lustiger als im Fernsehen – falls Sie sich das vorstellen können. Ich freue mich immer darauf, diese beiden großartigen Menschen zu treffen. Wir verabreden uns zum Abendessen im Restaurant Jean-Georges, das sich im Trump International Hotel and Tower befindet und als eines der besten Restaurants der Welt gilt. Mit einem Küchenchef wie Jean-Georges Vongerichten kann es wohl auch gar nicht anders sein.

Ich erhalte einen Anruf von Mark Burnett, dem brillanten Autor und Produzenten der Reality Show *Survivor. The Apprentice* war seine Idee, und wir arbeiten noch an Einzelheiten des Konzepts.

Ich erhalte einen Anruf von Sony. Das Unternehmen hatte mich gebeten, als Sponsor beim 150. Jubiläum des Central Parks im Juli mitzuwirken, bei dem die beiden Opernstars Salvatore Licitra und Marcello Alvarez auftraten. Die Veranstaltung war ein Riesenerfolg. Tausende von New Yorkern waren gekommen, um großartige Sänger zu hören, in einer perfekten Nacht unter den Sternen im Park. In solchen Nächten muss man seinem eigenen Glücksstern dafür danken, so etwas erleben zu dürfcn. Wir waren stolz auf den Erfolg dieses Abends, und ich war nicht weniger stolz darauf, als Sponsor zu diesem Ereignis beigetragen zu haben.

Mein Pilot Mike Donovan ruft an, um mich über die Arbeiten an meinem 727er Privatjet zu informieren. Ich besitze einen Jet und einen Hubschrauber, die einmal im Jahr gründlich überprüft werden. Bei meinem Terminkalender sind das keine Luxusgegenstände, sondern Notwendigkeiten. Ich erfahre, dass mein Flugzeug in zwei Wochen wieder einsatzbereit sein wird.

Norma kommt herein, und wir sehen die Medienanfragen durch, die an diesem Vormittag bisher eingegangen sind. Es sind zwei aus Holland, drei aus Deutschland, zwei aus Kanada, eine aus Frankreich und sieben aus den USA. Medienanfragen zu bearbeiten kann bereits Verhandlungsgeschick erfordern, und wir tun unser Bestes, die Medien zufrieden zu stellen.

11.45 Uhr. Ich habe eine Besprechung mit Charlie Reiss, Jill Cremer, Russell Flicker und Don Jr. – meinem Planungs- und Bauteam. Wir sprechen über ein Gebäude in Chicago, und Don Jr. hat sehr effektiv und in mehreren Positionen am Projekt Trump Park Avenue gearbeitet. Wir haben bereits in der Trump Organization genug zu tun, aber ich neige nicht zur Selbstzufriedenheit und weiß, dass es da draußen noch viele interessante Möglichkeiten gibt. Mein Team kümmert sich darum. Es leistet hervorragende Arbeit, und man informiert mich über einige interessante Projekte.

12.30 Uhr. Ich bestelle mein Mittagessen bei unserem tollen neuen Restaurant im Atrium des Trump Tower. Die Geschäfte dort laufen gut. Vielleicht haben einige von Ihnen den Werbespot gesehen, den ich für McDonald's gedreht habe. Ich musste mich dabei nicht verstellen – ich mag McDonald's und bin dort ein treuer Kunde. An manchen Tagen esse ich Pizza, manchmal ein Sandwich mit Schinken und Käse, an manchen Tagen esse ich auch gar nichts, aber ich verlasse zum Essen nicht das Büro. Ich halte das immer noch für eine Unterbrechung meines Arbeitstags. In meiner Mittagessen-Minute schaue ich mir neue Zeitungsausschnitte und Artikel an.

12.35 Uhr. Ich spreche mit Bernd Lemcke, dem Direktor des Mar-a-Lago Club. Wie Sie vielleicht noch wissen, war Mar-a-Lago einmal mein privater Wohnsitz. Ich habe es restauriert und in einen atemberaubenden Privatclub umgebaut. Alles Schöne sollte man mit anderen teilen, und der Club ist ein immenser Erfolg. Bernd leitet ihn, und ich bin von der Historical Society of Palm Beach County zum Aufsichtsratsmitglied ernannt worden. Es ist schön zu sehen, wenn sorgfältige Arbeit bemerkt und anerkannt wird. Wir sprechen über die bevorstehende Saison und die letzten Umbauten auf dem Clubgelände.

12.45 Uhr. Ich gehe den Flur hinunter um mit George Ross zu sprechen. George sagt immer, was er denkt, und das schätze ich sehr. Seine Gedanken sind scharf und klar, und wir haben ein längeres Gespräch von – vielleicht – drei Minuten. Ich denke daran, ihn zu *The Apprentice* zu holen.

12.50 Uhr. Zurück in meinem Büro erhalte ich einen Anruf von Hugh Grant. Ich hatte einen Kurzauftritt (bei dem ich mich selbst spielte) in seinem Film *Two Weeks Notice* mit Sandra Bullock. Hugh ist begeisterter Golfer, und meine Anlage in Westchester steht ihm immer zur Verfügung, wenn er in New York ist. Er ist nicht nur ein begabter Schauspieler, sondern auch ein netter Kerl. Eigentlich bin ich froh, dass er in einem anderen Land lebt, denn er ist zu smart, als dass man immer in seiner Nähe sein möchte.

Mit meinem Finanzvorstand Allen Weisselberg

13.00 Uhr. Norma kommt herein und wir sehen die Einladungen zu Parties, Eröffnungen und Reden durch. Ich habe nicht viel Zeit und entscheide mich für eine Party im Le Cirque.

13.30 Uhr. Ich schiebe einen Anruf beim Trump National Golf Club in Los Angeles ein. Dieser Golfplatz liegt am Pazifik und hat das Potenzial, schöner als Pebble Beach zu werden. „Spektakulär" wäre eine Untertreibung. Er ist ein Juwel, und wir arbeiten hart daran. Alles läuft gut, aber jedes Detail zählt, und es gibt viele solche Kleinigkeiten, um die wir uns kümmern müssen.

14.30 Uhr. Ich rufe einen Fachmann für Bäume an. Ich habe kürzlich ein paar schöne Bäume gesehen und möchte sie für meinen Golfplatz in Westminster in New Jersey haben. Ich stelle einige Fragen und lerne viel dabei. Wenn ich etwas wissen will, gehe ich den direkten Weg und gebe mich nur selten mit Meinungen aus zweiter Hand zufrieden. Diese Vorgehensweise hat sich über die Jahre bewährt. Es kann kein Fehler sein, über etwas Bescheid zu wissen, ob es sich nun um Bäume oder um Spülbecken handelt.

15.00 Uhr. Mein Finanzvorstand Allen Weisselberg kommt zu einer Besprechung. Er arbeitet schon seit 30 Jahren für mich und hat alles im Griff, was keine leichte Aufgabe ist. Unter seiner Leitung läuft alles wunderbar. Er und sein Team sind konzentriert und schnell, und unsere Besprechungen sind es auch.

15.30 Uhr. Ich beantworte die 14 Anrufe von Anwälten, Journalisten, Reportern und Freunden, die während der Besprechung angekommen sind. Schlimmer als diese vielen Anrufe wäre nur, gar keine Anrufe zu erhalten. Also beklage ich mich nicht.

Ich erhalte einen Anruf von den Betonlieferanten, die völlig versagt haben und mir nun weiszumachen versuchen, sie hätten nicht versagt. Alles was sie getan haben endete im Chaos. Statt des freundlichen Gesprächs, das sie wohl erwartet hatten, bekommen sie nun von mir die Wahrheit zu hören: Sie haben ein Chaos angerichtet und sollen schnellstens dafür sorgen, dass sich das ändert. Das Erstaunliche ist, dass diese Leute den Eindruck zu erwecken versuchen, sie wüssten, was sie tun. Glauben Sie mir: Wenn man mich brüllen hört, dann gibt es gute Gründe dafür.

16.30 Uhr. Ich gehe in den Konferenzraum zu einer Fotosession mit Platon, einem jungen und sehr guten Fotografen. Er arbeitet schnell und effizient, etwa so wie Richard Avedon, der mich im vergangenen Jahr fotografiert hat. Ich freue mich schon darauf, die Bilder zu sehen.

17.00 Uhr. Ich beantworte die sieben Anrufe, die während der Fotosession eingegangen sind. Einer davon kam von meiner Schwester Maryanne. Sie arbeitet noch immer als Richterin und ist so weise wie eh und je. Sie ist gerade von einer Reise nach Rom zurückgekommen.

17.30 Uhr. Norma kommt mit weiteren Einladungen und Medienanfragen herein, und ich lese ein paar Briefe. Einer kommt von einem neun Jahre alten Jungen aus Minnesota, der mir ein Geschäft vorschlägt. Nachdem er seine Geschäftsidee beschrieben hat, macht er mir ein sehr verlockendes Angebot: „Und was ist dabei für Sie drin, Mr. Trump? Eine Chance, Millionen zu verdienen, indem Sie einfach mein Partner werden!“ Er fügt noch hinzu, dass ich ihn jederzeit anrufen kann, aber nicht nach 21.00 Uhr. Ich werde daran denken.

18.00 Uhr. Ich beschließe nach oben in meine Wohnung zu gehen, wo ich bis etwa 19.30 Uhr noch einige Telefonate führe. Um 20.00 Uhr treffen Melania und ich Joy und Regis zu einem perfekten Abendessen im Restaurant Jean-Georges.

Im Mar-a-Lago Club mit Joy und Regis Philbin

DIENSTAG

8.30 Uhr. Ich komme ins Büro. Bevor ich ins Büro gehe, lese ich jeden Morgen zwischen fünf und sieben Zeitungen. Gerne schneide ich interessante Artikel aus, ob sie nun von mir handeln oder nicht. Dann bewahre ich sie auf oder verteile sie weiter. Ich erhalte auch jeden Tag zwischen zehn und zwölf Zeitschriften, die ich abends in meiner Wohnung lese. Wenn man den großen Überblick nicht verlieren will, muss man sich über das Weltgeschehen auf dem Laufenden halten. Ja, ich bin New Yorker, aber die Welt ist groß, und ich versuche, über diese Welt informiert zu sein. Wenn man den gesamten Planeten als Emerging Market betrachtet – was er in Wahrheit auch ist –, dann stellt man schnell fest, dass man jeden Tag eine Menge Hausaufgaben zu erledigen hat. Das ist keine Fleißarbeit, sondern eine absolute Notwendigkeit. Daher verbringe ich die folgenden 15 Minuten relativer Ruhe damit, über die Ereignisse auf der Welt nachzudenken. Man kann das nennen, wie man will, aber es funktioniert und bringt mir die nötige Konzentration für den Tag, der vor mir liegt.

8.45 Uhr. Ich erhalte einen Anruf von dem Kerl, der versucht, von mir höhere Preise für die Ausstattung eines neuen Gebäudes zu verlangen. Weiß er nicht, dass ich die Marktpreise *kenne*, und zwar bei allem, was ich tue? Diese Trottel glauben offensichtlich, dass ich meine Hausaufgaben nicht mache – denn darauf läuft es hinaus. Das bedeutet, dass sie alle eine große Überraschung erleben werden. Und wenn ich brüllen muss, um mich verständlich zu machen, dann tue ich es auch.

9.00 Uhr. Ich bitte Rhona, Bob Wright anzurufen, den Chairman und CEO von NBC. Ich bin nicht nur ein großer Bewunderer seines geschäftlichen Scharfsinns, sondern ich bin auch mit Bob und seiner wundervollen Frau Suzanne befreundet. Wir haben schon einige Geschäfte miteinander gemacht. In den 17 Jahren, seit Bob von General Electric zu NBC gekommen ist, hat der Sender in puncto Qualitätskontrolle enorme Fortschritte gemacht, und sein Wachstum ging in die richtige Richtung. Bob kommt ans Telefon, und wir reden über verschiedenste Dinge. Haben Sie schon einmal festgestellt, dass manche Leute eine besondere Begabung für interessante Konversation haben?

Bob gehört dazu. Er war noch in keiner Sekunde seines Lebens langweilig. Ich freue mich, dass er sich die Zeit nimmt, mit mir zu sprechen. Wenn man an seinen Terminkalender denkt, dann ist das ein gutes Zeichen dafür, dass ich ihn wohl ebenfalls nicht langweile.

Norma kommt herein und erinnert mich daran, dass in der kommenden Woche eine Vorstandssitzung der Police Athletic League stattfindet. Ich bin dort schon seit Jahren aktiv. Diese Vereinigung leistet in New York hervorragende Arbeit und nützt vielen Leuten und Wohngegenden.

9.15 Uhr. Ich erhalte einen Anruf von Alfons Schmidt, den ich nicht nur als großartigen Golfer und Geschäftsmann schätze, sondern auch als bemerkenswerte Persönlichkeit. Wer ihn kennt, wird mir zustimmen. Wir werden uns am Freitag zu einer Runde Golf im Trump National Golf Club in Briarcliff Manor treffen. Ich freue mich schon darauf, mit jemandem wie ihm Golf zu spielen. Expräsident Bill Clinton, der Mitglied dieses Golfclubs ist, wird auch mit von der Partie sein. Er lebt in der Nähe und liebt den Golfplatz; er ist uns jederzeit willkommen. Er hat es geschafft, ein guter Golfer zu werden, und das will einiges heißen, wenn man daran denkt, wie sein Terminkalender viele Jahre lang ausgesehen hat. Wenn er sich weiterhin so verbessert, wird er bald ein sehr guter Spieler sein. Auch David Granger wird dabei sein, der Chefredakteur des *Esquire* und nicht nur auf dem Golfplatz ein sehr geschickter Mann. Es kommt selten vor, dass ich mir einen Nachmittag frei nehme, aber die Gesellschaft solcher Männer ist es mir wert.

9.45 Uhr. Meine wunderhübsche Tochter Ivanka ruft mich an und erzählt mir von ihrer letzten Reise. Sie hat Ferien und reist morgen schon wieder weiter. Es ist nicht leicht, immer zu wissen, wo sie gerade ist, aber sie hält mich gut auf dem Laufenden, und ich freue mich, dass es ihr gut geht. Ich habe Glück, eine solche Tochter zu haben.

10.00 Uhr. Ich habe eine Vorstandssitzung im Konferenzraum mit Mark Brown und Bob Pickus von meinem Team in Atlantic City. Auch John Burke und Scott Butera sind anwesend. Wir halten diese Sitzungen alle drei Monate

Mit Bill Clinton im Trump National Golf Club in Briarcliff, New York

ab, um Probleme aller Art auszubügeln, Zahlen zu wälzen und in die Zukunft zu schauen. Unsere Konferenzen sind ziemlich kurz, wenn man bedenkt, wie umfangreich unsere Geschäfte in Atlantic City sind – ich besitze dort drei Casino-Hotels. Die Besprechungen dauern selten länger als zwei Stunden. Mein Team weiß, wie wertvoll Zeit ist, und alle Beteiligten wissen auch genau, wie man sie sinnvoll nutzt. Die Leute reden oft darüber, wie kurz meine Konferenzen sind, aber wenn jeder weiß, was er tut, müssen sie nicht lang oder gar langatmig sein. Zum Glück habe ich erfahrene Leute in meinen Teams, die meinen Arbeitsstil kennen. Also kommen sie schnell auf den Punkt.

12.00 Uhr. Wir lassen uns Sandwiches aus dem Carnegie Deli ins Konferenzzimmer bringen. Haben Sie schon einmal eines von deren Sandwiches mit Schinken und Käse oder mit Corned Beef gegessen? Sie sind köstlich. Wenn Sie einmal nach New York kommen, sollten Sie eines probieren.

12.15 Uhr. Ich bin kein ungeselliger Mensch, aber für meinen Geschmack dauert ein 15-minütiges Mittagessen schon ziemlich lang. Also gehe ich in mein Büro, nehme meine Arbeit wieder auf und gehe die 37 Anrufe durch, die während der Konferenz eingegangen sind. Diese Anrufe sind schon gefiltert worden, zuerst an der Rezeption und dann von meinen Assistentinnen. Ich bekomme jeden Tag Hunderte von Anrufen von Leuten aus aller Welt, die einfach Hallo sagen oder mir irgendetwas erzählen wollen. Auch mein Sicherheitsteam nimmt etliche Anrufe entgegen, denn ihre Anzahl kann überwältigend sein. Aber diese 37 Anrufe waren in Ordnung, und ich muss mich um sie kümmern. Also rufe ich die Anrufer zurück. Zuerst rufe ich Bob Kraft an. Er hat mich einmal zu einem privaten Konzert mit Elton John eingeladen, das einfach großartig war. Elton John wird immer besser; er ist einfach umwerfend. Bob Kraft ist in jeder Hinsicht ein toller Kerl, und ich spreche immer gern mit ihm. Das ist ein guter Start in den Nachmittag.

12.30 Uhr. Joe Torre kommt überraschend zu uns. Er ist der Manager der New York Yankees und bei uns stets willkommen. Er nimmt sich die Zeit, beim Kommen und beim Gehen Autogramme zu verteilen. Ein echter Champ.

12.45 Uhr. Ich rufe Rudy Giuliani zurück. Er war ein großartiger Bürgermeister in einer Zeit, die für New York nicht leicht war. Ich empfinde hohen Respekt vor seinen Leistungen, aber darüber hinaus sind wir auch befreundet und halten engen Kontakt. Ich wünsche ihm in jeder Hinsicht das Beste – und seine Frau Judy ist großartig.

13.00 Uhr. Das Fernsehteam vom National Geographic Channel kommt zu einem Interview. Ich schätze deren Sendungen sehr und schlage vor, das Interview in meiner Wohnung aufzuzeichnen. Das tue ich nicht oft, aber ich habe es mit Profis zu tun, und es läuft sehr gut. Ich komme meist wirklich gut mit Medienvertretern aus. Ich respektiere sie und ihre Arbeit, und meist respektieren sie auch mich und meine begrenzte Zeit. Das funktioniert für beide Seiten, und zu heftigen Meinungsverschiedenheiten kommt es nur selten.

13.45 Uhr. Ich erhalte einen Anruf von Mohamed Al Fayed, dem das Kaufhaus Harrods in London und das Hotel Ritz in Paris gehören. Er ist einmalig, ein Gentleman vom Scheitel bis zur Sohle, und wenn ich in London bin, versäume ich nie, ihn zu besuchen. Trotz der Tragödien in seinem Leben ist er ein freundlicher und loyaler Mensch geblieben. Ich fühle mich geehrt, wenn er mich anruft.

14.00 Uhr. Ich rufe meinen Bruder Robert an. Er ist ein toller Kerl und ein guter Bruder. Wir stehen in engem Kontakt, und ich schätze mich glücklich, solche Geschwister zu haben.

Melania ruft an, um mich zu erinnern, dass wir uns heute abend die Aufführung von *Chicago* am Broadway ansehen werden. Ich habe das Stück schon einmal gesehen, aber derzeit tritt Melanie Griffith darin auf, und wir wollen sie sehen. Ich weiß, dass sie hervorragend sein wird – sie ist ein Naturtalent.

In schneller Folge beantworte ich zwölf Anrufe, von denen die meisten meine verschiedenen Immobilien in New York und Florida betreffen. Jedes Mal frage ich nach dem Problem, und wir kommen sofort zur Sache. Ich will immer genau über meine Immobilien und mögliche Probleme informiert sein. Die meisten Sorgen mache ich mir dann, wenn es keine Probleme gibt. Das ist meist das Ergebnis falscher Informationen oder des Wunschdenkens eines der Verantwortlichen.

Hier verrate ich Ihnen einen meiner größten Wünsche: Ich möchte Computerchips an den Gehirnen aller von mir beauftragten Bauunternehmer anbringen, damit sie immer genau wissen, was ich will, wann ich es will und zu welchem Preis. Das würde mir viel Zeit sparen – und eine Menge Gebrüll.

15.00 Uhr. Ich gehe zur Trump Park Avenue, meinem neuen Super-Luxusgebäude an der Ecke Park Avenue und 59. Straße. Früher war es das historisch bedeutsame Delmonico Hotel, und eine bessere Lage kann man in New York kaum finden. Es ist ein großartiges Gebäude, und ich schaue fast täglich vorbei, um die Baufortschritte zu beobachten. Ich besuche Laura Cordovano im Verkaufsbüro und sehe mir dann die Bauarbeiten an. Sie dauern zu lang, und die Lobby entspricht noch nicht meinen Standards. Die Verantwortlichen bekommen einiges von mir zu hören, und sie haben es auch verdient. Wenn etwas meinen Namen trägt, muss es großartig sein. Kann es eine einfachere Regel geben?

Wenn ich auf der Straße von Menschen erkannt werde, amüsieren mich deren Reaktionen immer wieder. Manche schauen zweimal her, um sich zu vergewissern, dass ich es wirklich bin, manche tun so, als würden sie mich nicht erkennen, aber oft winken mir völlig Fremde zu und und begrüßen mich freundlich und vertraut mit „Hi, Donald!“ Das überrascht mich immer wieder. Einmal steckte ich mit meiner Limousine in einem grauenhaften Stau fest. Einige Mitglieder von Mark Burnetts Team waren bei mir, und so beschloss ich, ein Experiment zu versuchen. Es war einer von den Staus, in denen man minutenlang keinen Zentimeter vorwärts kommt. Jeder war extrem gereizt, die Taxifahrer und alle anderen brüllten herum, und jedes Auto schien die Hupe auf Dauerbetrieb mit voller Lautstärke eingestellt zu haben. Ich stieg aus meiner Limousine und stellte mich mitten hinein in dieses Chaos. Die Reaktion? Zunächst herrschte Totenstille. Dann begannen die Fahrer und die

Passagiere, die gerade eben noch so wütend gewesen waren, zu winken und zu rufen: „Donald! Es ist The Donald! Hi, Donald!“ Ich musste lachen. Zumindest hatten wir alle ein paar Minuten lang Ruhe vor dem Gehupe.

16.00 Uhr. Ich bin zurück im Büro. Ich rufe unten im Gebäude an, weil ich bemerkt habe, dass einige der Türgriffe in der Lobby nicht so auf Hochglanz poliert waren, wie sie es sein sollten. Ich will, dass meine Gebäude makellos sind, und die Leute, die darin wohnen, wissen das zu schätzen, wenn ich auch manchmal ein wenig extrem erscheine.

Ich erhalte einen Brief von Terry Simmons, einem amerikanischen Soldaten, der in Übersee stationiert ist. Er möchte ein Foto mit Autogramm von mir haben, um die Moral seiner Truppe zu heben. Seine Bitte berührt mich sehr, und wir senden das Foto sofort ab. Diese Männer und Frauen setzen ihr Leben aufs Spiel, um etwas zu schützen, das mir sehr am Herzen liegt – nämlich dieses Land. Es war ein Höhepunkt in meinem Leben, als ich, zusammen mit General John M. Keane, von der United Service Organization (USO) geehrt wurde. In meiner Dankesrede sagte ich, die Ehrung bringe mich in die beste Gesellschaft, die man sich vorstellen kann, denn mit mir sei jedes Mitglied der amerikanischen Streitkräfte geehrt worden. Ich meinte das damals völlig ehrlich und ernst, und ich meine es auch heute noch so. Wir senden Terry Simmons unsere besten Wünsche.

16.30 Uhr. Giuseppe Ciprani ruft an, der eines der besten Restaurants in New York besitzt. Da ich oft zum Essen ausgehe, habe ich einen sehr ausgefallenen Geschmack, und Giuseppe enttäuscht mich nie. Ich versuche ihn dazu zu bringen, dass er in mein Gebäude in der Park Avenue zieht.

Der geheimnisvolle Jeffrey ruft an. So mysteriös er auch sein mag, gehört Jeffrey doch zu den wenigen Leuten, die zu mir durchgestellt werden, wenn sie nur ihren Vornamen nennen. Meine Angestellten fragen ihn nie nach seinem Nachnamen, und das stellt ihn in gewisser Hinsicht auf eine Stufe mit Elvis. Elvis hat in letzter Zeit zwar nicht oft angerufen, aber man weiß ja nie. Aus diesem Grund habe ich auch eine Sicherheitsmannschaft, die ein ganzes Stockwerk belegt. Manchmal brauchen wir sie. Sie würden nicht glauben, welche Anrufe wir schon bekommen haben.

Norma kommt herein, um mir zu erzählen, sie habe nun genug davon, dass das Fernsehteam von *The Apprentice* immer wie ein Haufen von Gammlern aussehe. Falls die Leute morgen wieder in ihren üblichen Klamotten auftauchen würden, so droht sie, werde sie sie ins Hotel zurückschicken, damit sie sich „zur Abwechslung einmal anständig anziehen". Ich weiß, dass sie das völlig ernst meint. Also versuche ich ihr zu erklären, dass diese Leute aus Kalifornien kommen und an einem TV-Set arbeiten, nicht am Hauptsitz unseres Unternehmens. Sie will nichts davon hören. Ich fürchte, den Jungs steht einiges bevor, und ich beneide sie nicht.

Ich rufe Vinnie Stellio an, einen langjährigen Mitarbeiter, dessen Frau gerade einen Jungen zur Welt gebracht hat. Mit seinem Aussehen und seiner Eleganz hätte Vinnie ein Filmstar werden können, aber zum Glück arbeitet er für uns. Er hätte auch seine eigenen Drehbücher schreiben können, aber er hat auch so genug zu tun.

17.00 Uhr. Ich rufe Arnold Schwarzenegger an und gratuliere ihm zu seiner Entscheidung, als Gouverneur von Kalifornien zu kandidieren. Mehrere Anrufer haben mich schon zu meiner Meinung über seine Entscheidung gefragt. Ich habe Arnold schon immer geschätzt und glaube, dass er einen guten Gouverneur abgeben wird. Nicht nur, weil ich ihn mag, sondern weil er die Intelligenz und die Energie mitbringt, einen Staat wie Kalifornien zu regieren.

Ich lese den Artikel eines Journalisten, der vor einigen Monaten einmal einen Tag mit mir verbracht hat. Er sagte damals, ein Tag würde wohl nicht ausreichen, und ich antwortete, die meisten Leute seien der Meinung, ein Tag mit mir sei mehr als genug. Am Ende des Artikels räumt er ein, dass ich Recht gehabt hatte. Ein Tag mit mir war genug, und er war völlig erschöpft. Das ist komisch, denn für mich war es ein entspannterer und ruhigerer Tag als sonst üblich, und mein Benehmen war tadellos. Jedenfalls ist es schön, Recht zu behalten.

17.30 Uhr. Norma kommt herein. Wir gehen Medienanfragen, Anfragen von wohltätigen Organisationen und Einladungen durch. Seit dem 11. September hat die Zahl der Spendenaufrufe stark zugenommen, und wir tun was wir können. Wir sprechen darüber, dass wir ständig zahlreiche Briefe aus Kanada bekommen. Ein Brief stammt von zwei Damen in Saskatchewan, die mich auf eine Tasse Kaffee im Café ihres Ortes einladen. Das Lokal hat nur zwei Tische, aber wenn ich zusage, wollen sie ihr Bestes tun, um einen davon für mich zu reservieren. Mit Rücksicht auf meinen Terminkalender muss ich leider absagen, aber ihr Angebot ist ehrlich und nett. Wenn ich die Zeit dazu hätte, würde ich hinfahren.

Wenn es meine Zeit erlaubt, beantworte ich Medienanfragen selbst. Einmal rief ich einen Mann namens Phil Grande in Florida an. Er ist für ein kleines Radioprogramm verantwortlich, das Stock Trading & Money Talk heißt und hatte mir per Fax eine Interviewanfrage geschickt. Ich griff zum Telefon und rief ihn selbst an. Als er nach meinem Namen fragte, sagte ich „Donald Trump", und er antwortete „Ja, und ich bin J. P. Morgan". Es bedurfte einiger Überzeugungsarbeit, aber schließlich glaubte er mir, und wir sprachen eine Weile miteinander. Später rief er meine Assistentinnen an, um sich zu vergewissern, dass wirklich ich selbst ihn angerufen hatte. Bis heute schickt er ihnen jedes Jahr zu Weihnachten Blumen. Leute wie Phil können viel Spaß in unsere Jobs bringen.

18.00 Uhr. Asprey, der Juwelier im Trump Tower an der Fifth Avenue, erweitert seine Geschäftsräume und hat mich eingeladen, einen Blick auf die Renovierungsarbeiten zu werfen. Das Geschäft wird jetzt drei Stockwerke umfassen – und es ist ähnlich atemberaubend wie Aspreys Juwelen. Asprey ist Hoflieferant des englischen Königshauses, und das neue Geschäft wird diesem Status gerecht werden. Auf dem Weg hinunter zur Lobby besuche ich auch noch meinen neuen Mieter Mark Burnett Productions, um mich zu vergewissern, dass alles in Ordnung ist. Ich habe ein großartiges Managementteam, aber so weit wie möglich will ich mir immer selbst ein Bild machen. Wegen des Abendessens vor dem Theaterbesuch rufe ich noch schnell Melania an, dann verlasse ich das Büro.

MITTWOCH

9.00 Uhr. Melanie Griffith war gestern in *Chicago* großartig. Nach der Vorstellung haben wir sie besucht, um ihr das zu sagen.

Ich erhalte einen Anruf, bei dem es darum geht, Antennen auf das Gebäude Wall Street 40 zu setzen. Seit die Türme des World Trade Centers zerstört wurden, ist Wall Street 40 wieder das höchste Gebäude in Lower Manhattan. Diese Tatsache freut mich nicht besonders, aber es ist nun einmal eine Tatsache. Wenn ich dem Finanzbezirk helfen kann, tue ich es gern.

Eines muss ich über die New Yorker sagen: Nach dem 11. September haben sie nicht aufgehört, sich nach vorn zu bewegen und ihr Bestes zu tun. Das erforderte Mut, und ich denke es zeigt, warum New York eine so großartige Stadt ist.

Ich rufe Gouverneur Pataki an und erhalte einen Anruf von John Myers, dem Präsidenten von GE Asset Management. Wir haben schon einige Geschäfte miteinander gemacht. Er ist ein toller Mann – und dazu noch sehr intelligent.

9.30 Uhr. Kevin Harris, einer der Produzenten von Mark Burnett, möchte mir die Aufnahmesets zeigen, die im Trump Tower für *The Apprentice* aufgebaut worden sind. Er trägt eine Art neues, aber altmodisches Bowlinghemd, zerrissene Jeans mit mehr Löchern als Stoff und dazu Schuhe, die ich besser gar nicht erst zu beschreiben versuche. Dieser Kerl könnte Modedesigner Helmut Lang wirklich alt aussehen lassen. Aber wir machen, dass wir wegkommen, bevor Norma ihn sieht.

Der Drehort umfasst auch Wohnungen für die 16 Teilnehmer. Es handelt sich um einen ungemein stilvoll eingerichtete Fläche von etwa 1000 Quadratmetern, die in der Innenstadt wohl einmalig sein dürfte. Ich bin angenehm überrascht von der Qualität der Arbeit, und mein Vertrauen in Mark Burnett ist wieder einmal bestärkt worden.

Melania Knauss

10.00 Uhr. Ich bin zurück im Büro und beantworte Telefonanrufe. Die Leute sind meist überrascht, wie viele Stunden ich jede Woche im Büro verbringe, denn ich führe ja auch ein recht umfangreiches Sozialleben. Wenn möglich lege ich meine Geschäftsreisen auf die Wochenenden, um keine Zeit für die Büroarbeit zu verlieren. Ich liebe meine Arbeit und habe nicht das Gefühl, etwas zu versäumen. Im letzten Jahr unternahm ich über das Wochenende eine Geschäftsreise nach Europa. Die Reise beinhaltete ein Frühstück mit Mohamed Al Fayed in London und ein Abendessen mit Melanias Eltern in Slowenien, bevor es wieder zurück nach New York ging. Wir kamen früh genug an, und am Montag um 9.00 Uhr war ich wieder im Büro.

Ich telefoniere mit Jay Goldberg, einem brillanten Anwalt und alten Freund. Er wird mich in meiner Loge bei den U.S. Open besuchen.

Das ist gut: Die aufdringlichste Maklerin New Yorks ruft mich an und redet mit mir über die Verfügbarkeit einiger meiner teuersten Wohnungen, so als ob ich nicht wüsste, warum sie überhaupt angerufen hat. Sie versucht mir zu erklären, was meine Wohnungen wert sind, und ich versuche, mein Temperament im Zaum zu halten – aber sie erzählt nur Mist. Schließlich frage ich, ob sie sich darüber im Klaren ist, mit wem sie spricht, und überraschenderweise nimmt sie sofort Vernunft an. Fast jeden Tag muss ich jemanden daran erinnern, dass ich sehr gut weiß, was ich tue. Das klingt vielleicht arrogant, aber glauben Sie mir: Es erspart mir viel Gebrüll.

10.30 Uhr. Ein Fernsehteam aus Deutschland ist bereit zu einem Interview im Konferenzraum. Vor ein paar Monaten haben sie einen wudervollen Bericht über Mar-a-Lago gedreht, was ich sehr zu schätzen weiß, und daher machen wir nun ein Interview in New York. Alles läuft gut, denn sie arbeiten professionell und leidenschaftlich. Ich habe schon so viele Interviews hinter mir, dass sie mich manchmal langweilen. Darum hilft es, wenn man es mit interessanten Leuten zu tun hat. Erst in diesem Jahr haben meine beiden Söhne ihre ersten TV-Interviews gegeben, und das war eine aufregende Sache. Die Show *Today* machte ein Vatertagsprogramm, und Matt Lauer interviewte Don Jr. und mich. Das hat viel Spaß gemacht. Matt Lauer und Katie Couric haben eine große Begabung für Unterhaltungssendungen, und ich sehe sie wirklich gern. *48 Hours* interviewte meinen jüngeren Sohn Eric und mich. Eric war zwar ein wenig nervös, aber er machte seine Sache gut. Die Medien sind für meine Kinder nichts Neues, obwohl sie bis zu einem gewissen Grad dagegen abgeschirmt worden sind.

11.00 Uhr. Ich erhalte eine Einladung zur Präsentation von Oscar de la Rentas neuer Kollektion und rufe Melania an. Wir beschließen hinzugehen. Mode und Modepräsentationen haben mich noch nie gelangweilt. Für mich handelt es sich um eine unschlagbare Kombination: Schöne Frauen und schöne Kleider, vor allem die von Oscar.

Meine Agentur Trump Model Management hat sich in der Modebranche innerhalb recht kurzer Zeit einen Namen gemacht. Ich habe das Unternehmen vor etwa fünf Jahren gegründet. Wir haben einige Topmodels unter Vertrag und ich sehe mit Freude, dass das Unternehmen immer erfolgreicher wird. Ich rufe John Tutolo an, um mich über die aktuelle Situation zu informieren, und wir diskutieren über einige Dinge, die wir vielleicht verbessern könnten.

Ich rufe Paula Shugart an, die Präsidentin der Miss Universe Organization, um mit ihr über einige Dinge zu sprechen. In einem Interview wurde ich vor kurzem gefragt, was mich dazu bewogen hatte, die Rechte der Miss-Universum-Show zu kaufen. Meine Antwort: Ich liebe schöne Frauen und bin ein Geschäftsmann. Es sah also nach einer guten Idee aus, und das war es dann auch. Manchmal sind die Dinge wirklich so einfach. Ich habe schon früh bemerkt, dass ich von Natur aus ein Ästhet bin. Schöne Menschen und schöne Gebäude ziehen mich an. Meine Arbeit hat gezeigt, dass die frühe Selbsterkenntnis genau richtig war.

Ich erhalte einen Anruf von Ricardo Bellino, einem Geschäftsmann aus Brasilien. Wir arbeiten zusammen an der Villa Trump in Brasilien, und er stellt mir einige Fragen, denn er schreibt gerade ein Buch über die Macht der Ideen. Ich sage ihm, dass Ideen Türöffner sind – der erste Schritt. Ohne einen ersten Schritt gibt es keine weiteren Schritte, die einen ans Ziel führen könnten. Es handelt sich um einen visuellen Prozess. Vielleicht bin ich deshalb Visionär, aber einer mit guter Bodenhaftung. Wenn es um große Ideen geht, frage ich mich zunächst: Ja, aber ist es möglich? Ist das durchführbar? Wenn ich sehe, wie etwas entsteht, weiß ich, dass es möglich ist. Das ist wohl der Grund, warum ich Bauherr bin. Ich beginne auf dem Boden und arbeite mich dann nach oben.

Ich schreibe eine Glückwunschkarte an Kitty Carlisle Hart zu ihrem 93. Geburtstag. Sie ist nicht nur ein Multitalent, sondern auch eine wahre Menschenfreundin, und New York wäre ohne sie um vieles ärmer. Ich habe sie immer gern im Fernsehen gesehen. Wer sich an die Show *To Tell the Truth* erinnert, wird mir zustimmen.

Ich schreibe eine weitere Notiz an eine Schule, die mich um Rat gebeten und außerdem nach meinem Lieblingspräsidenten gefragt hat. Ich beginne mit einem Zitat von Abraham Lincoln, der meine erste Wahl ist: „Ich werde lernen und mich vorbereiten. Vielleicht wird meine Chance kommen." Immer bescheiden, immer hart arbeitend, immer lernend ist Abraham Lincoln ein großartiges Vorbild für Schüler.

11.30 Uhr. The Entertainment Channel ist bereit für ein Interview, in dem es um *The Apprentice* geht. Alles läuft gut und schnell, nach fünf Minuten sind wir fertig.

12.00 Uhr. Ich rufe einen Angestellten an, der in der Verwaltung einer meiner Immobilien arbeitet. Er war nicht so sorgfältig, wie es seine Position erfordert, und ich sage ihm, seine schlechte Leistung sei nicht seine Schuld, sondern meine, weil ich einfach den falschen Mann eingestellt und seine Fähigkeiten überschätzt hätte. Ich füge hinzu, wenn er meine Meinung über meinen anfänglicher Fehler korrigieren wolle, wisse er ja wohl, was nun zu tun sei. Er verspricht sofortige Besserung, und ich glaube, er meint es ernst.

Ich bitte Andy Weiss in mein Büro. Sein Büro liegt von meinem gut 30 Meter entfernt, aber er kann mich hören. Wir haben kein Kommunikationssystem, weil wir keines brauchen. Besucher staunen oft darüber, aber warum sollten wir uns überflüssige Technik anschaffen? Andy arbeitet schon lange für mich, und wir kommen ohne Umschweife zum Thema. Die Besprechung dauert keine fünf Minuten.

Ich rufe Beverly Sills an, eine der besten Opernsängerinnen aller Zeiten und ein wundervoller Mensch. Vielleicht fehlt mir die Geduld, mir eine ganze Oper anzuhören, aber schon immer habe ich Opernsänger respektiert und die Höhepunkte von Opern genossen. Beverly ist in jeder Hinsicht bemerkenswert und ich spreche immer gern mit ihr.

12.30 Uhr. Zum Mittagessen entscheide ich mich für eine Pizzaschnitte und lese dabei einige Briefe. Einer kommt von einem jungen Mann aus der Bay Area von San Francisco. Er schreibt: „Ich möchte Ihnen für die Inspiration in schweren Zeiten danken. Bitte schreiben Sie weiterhin Bücher und ermutigen Sie Menschen, ihren Träumen zu folgen." Er wäre sicher glücklich, wenn er wüsste, dass ich genau das jetzt tue, obwohl ich gleichzeitig meine Pizza esse und seinen Brief lese. Ein weiterer Brief stammt von einer Familie aus Deutschland, die meint, ich sollte für das Amt des Präsidenten kandidieren und mich in ihr Haus einlädt. Ein Geschäftsvorschlag kommt von einer Gruppe aus Wales, die mit mir ein Wohnungsbauprojekt realisieren möchte.

12.45 Uhr. Ich rufe meinen Sicherheitschef Brian Baudreau an und sage ihm, dass ich zum Trump Place gehen möchte, meinem Bauprojekt am Hudson River. Wir gehen zur West Side hinüber und sehen uns die Baufortschritte an. Wir treffen Paul Davis, den CEO der Hudson Waterfront Associates und unternehmen einen Besichtigungsrundgang. Ich erhalte zwar tägliche Berichte, aber es ist immer am besten, die Dinge selbst in Augenschein zu nehmen. Paul trägt die Verantwortung für ein großes Projekt und er macht seine Sache hervorragend.

Von alteingesessenen Bewohnern der West Side gab es viele Widerstände gegen dieses Projekt, aber allmählich beginnen sie zu sehen, dass diese Gebäude ein Gewinn für ihr Wohnviertel sind. Die West Side boomt wie noch nie, und selbst als Bewohner der East Side muss ich zugeben, dass man es an der West Side durchaus aushalten kann.

14.00 Uhr. Im Büro beginne ich damit, die 22 Anrufe abzuarbeiten, die während meiner Abwesenheit eingegangen sind. Auch das ist ein Grund, warum ich nicht gerne für längere Zeit außer Haus bin – die Zahl der Anrufe, die ich dann beantworten muss, kann überhand nehmen. Zunächst rufe ich bei United Cerebral Palsy an, in dessen Beratergremium ich tätig bin. Einer der größten Vorteile finanziellen Erfolgs ist die Fähigkeit, großzügig sein zu können. Ich spende gerne Geld für gute Zwecke wie United Way oder die Police Athletic League. Es ist immer ein großartiges Gefühl, wenn ich helfen kann, und das gehört größtenteils zu meinem Privatleben. Einige meiner wohltätigen Engagements sind allgemein bekannt, andere sind es nicht.

14.30 Uhr. Robin Leach und sein Team kommen wegen eines Interviews. Robin ist nicht ohne Grund so bekannt. Wir haben viel Spaß, das Interview verläuft gut und schnell.

15.15 Uhr. Ich habe eine Besprechung mit Carolyn Kepcher, der Vizepräsidentin und Direktorin des Trump National Golf Club in Briarcliff. Wir bauen auf dem Gelände einige prächtige Villen und müssen uns um viele Details kümmern. Zum Glück sind wir beide Perfektionisten, und daher brauchen unsere Besprechungen nie lange zu dauern.

15.30 Uhr. Ich erhalte einen Anruf von David Schner, dem Chef der Zeitschrift *Leaders*. Er hat vor einigen Monaten ein Interview mit mir veröffentlicht, und wir halten immer noch Kontakt.

Craig Semandl ruft an, der Direktor des Trump National Golf Club in Los Angeles. Er informiert mich über den aktuellen Stand der Dinge, und wir besprechen einige Details. Ich werde in diesem Monat noch nach Kalifornien fliegen und mir die Fortschritte selbst ansehen. Man braucht vertrauenswürdige Leute, wenn man 3000 Meilen entfernt wohnt.

Das erstaunt mich: Schon wieder will jemand mein Autogramm auf dem Titelblatt der *Playboy*-Ausgabe vom März 1990 haben. Ich bin auf dem Cover und die Ausgabe enthält ein Interview mit mir. Bis heute, 13 Jahre später, erhalte ich monatlich mehrere Bitten um mein Autogramm auf diesem Titelbild. Zugegeben, das Mädchen neben mir auf dem Foto ist eine Schönheit, aber ich hätte nie gedacht, dass dieses Interview bei Menschen, die meine Karriere verfolgen, so populär bleiben würde. Irgendwann muss ich es einmal wieder lesen. Zunächst signiere ich das Cover, schicke es seinem Eigentümer zurück und signiere auch noch einige Bücher, die man mir ebenfalls geschickt hat.

Ich rufe meine jüngste Tochter Tiffany an, die mir von ihren vielen Beschäftigungen erzählt. Sie kommt wohl nach mir, denn sie hat genug für fünf Leute zu tun. Sie ist schon ganz aufgeregt wegen ihres bevorstehenden Geburtstags und ihrer Pläne, an Bord der *Queen Mary* in Long Beach, Kalifornien, eine Party zu geben.

Ich schreibe eine Notiz an das *Veterans of Vietnam of Ward 4CD Valley Forge General Hospital*. Ich bin Gründer und Mitvorsitzender des New Yorker Vietnam Veterans Memorial Fund und tue für diese tapferen Leute immer noch, was ich kann.

16.00 Uhr. Ich erhalte einen Anruf von Susan James, der Vertriebschefin für den Trump International Hotel and Tower im Westteil des Central Parks. Sie hat einen tollen Job, denn dieses Gebäude umfasst einen der erfolgreichsten je gebauten Wohntürme und das am höchsten bewertete Luxushotel in New York. Dort ist auch das Restaurant Jean-Georges. Alles in allem ist es ein Juwel, auf das ich stolz bin. Es liegt in der Nähe des Lincoln Center am Columbus Circle. Wer sich für Architektur interessiert, wird es bemerkenswert finden, dass Philip Johnson sowohl dieses Gebäude als auch das Staatstheater am Lincoln Center entworfen hat, in dem das New York City Ballet seine Heimat hat. Ich bin noch ein wenig jung, um als historische Persönlichkeit zu gelten, aber einiges deutet in diese Richtung, und dieses Gebäude gehört dazu.

Ich sehe mit Norma die Einladungen und Anfragen durch, die heute bei uns eingegangen sind. Ich entscheide mich für einen Empfang bei Anna Wintour von der Zeitschrift *Vogue* und verschiebe die anderen Entscheidungen auf später, wenn ich ihnen mehr Zeit und Nachdenken widmen kann.

Charlie Reiss kommt herein und wir sprechen über einige aktuelle Projekte in Chicago, Toronto und London. Bernie Diamond und Jason Greenblatt, meine hervorragenden Anwälte, sind ebenfalls anwesend. Im Gegensatz zur allgemeinen Meinung höre ich vielen Leuten zu und lasse mich von ihnen beraten, ehe ich eine Entscheidung treffe. Ich bin gern so gut wie möglich informiert. Wenn allerdings eine Entscheidung zu treffen ist, dann ist mir klar, dass die volle Verantwortung für diese Entscheidung bei mir liegt – und immer liegen wird. Daher gehe ich umsichtig vor, auch wenn man sich in der Öffentlichkeit ein weit schillernderes Bild von mir macht.

16.30 Uhr. Ich habe eine Besprechung mit meinem Vizepräsidenten Matthew Calamari. Er ist immer sehr beschäftigt, aber jetzt, wo die Dreharbeiten zu *The Apprentice* bald beginnen werden, hat er mehr zu tun als je zuvor. Ich mache mir aber keine Sorgen, weil ich Matthew seit mehr als 20 Jahren kenne und sicher sein kann, dass er alles im Griff hat.

Mein Sohn Eric kommt kurz bei mir vorbei. Er besucht jetzt das College, ist aber für ein paar Tage in New York. Er sitzt während meiner Besprechung mit Matthew mit im Büro, und dann sprechen wir ein wenig miteinander. Er kann wunderbar lächeln. Ich freue mich immer, wenn meine Kinder mich besuchen, und wir beschließen, heute miteinander zu Abend zu essen.

17.15 Uhr. Ich schreibe einen Brief an die Mitglieder des Mar-a-Lago Club. Wir bauen dort gerade einen neuen Festsaal, der wunderbar sein wird, wenn er fertig ist. Ein Besucher im Mar-a-Lago Club hat einmal bemerkt, dass F. Scott Fitzgerald und seine Freunde sich hier wie zuhause fühlen würden. Ich musste ihm zustimmen. Ich freue mich schon auf die neue Saison, und an den meisten Wochenenden im Winter fliege ich dorthin.

Ich beantworte einige Anrufe, darunter einen von Larry King, der zu den klügsten Interviewern aller Zeiten gehört. Dann rufe ich einen Reporter des *Star-Ledger* in New Jersey und einen anderen Reporter an, der gerade an einem Artikel über die wundervolle und sehr intelligente Russell Simmons arbeitet.

John Myers ruft mich an. Er ist Präsident und CEO von GE Asset Management. John ist in jeder Hinsicht ein toller Kerl und wir sind miteinander in der Damon Runyon Cancer Foundation aktiv; zusammen mit Dale Frey, Johns Vorgänger bei GE, der ebenfalls hervorragende Arbeit geleistet hat. Es lohnt sich, diese beiden Männer zu kennen. Im Lauf der Jahre war General Electric bei einigen Projekten mein Partner, darunter beim äußerst erfolgreichen Trump International Hotel and Tower am Westrand des Central Parks.

18.00 Uhr. Ich rufe Melania an, um mit ihr zu besprechen, wohin wir mit Eric zum Abendessen gehen wollen. Wir entscheiden uns für den „21"-Club.

Norma kommt herein, und wir besprechen einige Details meiner Geschäfte, Einladungen, Briefe und Medienanfragen. Überraschend viele Anfragen kommen von Fernsehsendern und Zeitschriften aus dem Ausland. Im letzten Jahr gab ich dem größten Fernsehsender Chinas ein Interview, das von einem riesigen Publikum gesehen wurde. Solche Dinge überraschen mich immer noch, wahrscheinlich weil ich so auf meine unmittelbaren und täglichen Pflichten konzentriert bin. Ich selbst habe mich nie für besonders faszinierend gehalten.

Die Telefone sind verstummt, und ich krame in einer Schachtel herum, die neben meinem Schreibtisch steht und in der ich interessante Artikel und Briefe aufbewahre. Wenn mir ein Artikel gut gefällt, behalte ich ihn manchmal jahrelang. Dasselbe gilt für Briefe und Zitate wie „Hoffnung ist keine Strategie". Ich habe auch eine Einladung zu einer Rede aufbewahrt, die ich im Wharton Business School Club über die Zukunft der Stadt New York gehalten habe. Es ist immer eine Ehre für mich, vor den Studenten und Absolventen der Wharton School sprechen zu dürfen.

Ich finde Notizen von Jerry Buss, einem sehr netten Kerl, der bei den Los Angeles Lakers arbeitet; von Ed Malloy, einem alten Freund, den ich „Blue Eyes" nenne; von Harrison Tucker LeFrak, der die neue Generation einer bemerkenswerten Familie in der Immobilienbranche verkörpert. Richard LeFrak, der Sohn von Sam LeFrak, hat im Immobiliengeschäft Großes geleistet. Sein Sohn Harrison ist einer von den wirklich vielversprechenden jungen Leuten, deren Werdegang man beobachten sollte. Ich habe keine Zweifel, dass er es bis ganz nach oben schaffen wird.

Dann ist da noch ein Zeitungsausschnitt von Liza Minellis und David Gests Hochzeitsfeier. Ich hatte die Ehre, dabei zu sein, obwohl ich dieser Ehe keine großen Chancen gab. Und Briefe von John F. Kennedy Jr., von Howard Schultz, dem Chef von Starbucks, und auch einer von Clint Eastwood, der ein toller Kerl und ein guter Golfer ist. Er war in Mar-a-Lago mein Gast. Mein Golfplatz in Florida gefiel ihm sehr, und er schrieb den Brief, um mir das mitzuteilen.

Dann stoße ich noch auf ein Fax, das mir Roger Ailes von Fox Network News geschickt hat. Er hat eine großartige Arbeit geleistet und den Sender zu Erfolgen geführt, die sich keiner hätte träumen lassen.

Im März, kurz vor Beginn des Kriegs im Irak, hat mir jemand diesen Scherz geschickt: „Man merkt, dass sich die Welt geändert hat, wenn man daran denkt, dass der beste Rapper ein Weißer ist, der beste Golfer ein Schwarzer, und dass die Deutschen nicht in den Krieg ziehen wollen."

Dann noch ein Artikel zum Genießen. Rick Remsnyder hat ihn anläßlich der Eröffnung des Trump National Golf Course geschrieben: „Das 13. Loch auf diesem Platz, ein Par drei mit einem atemberaubenden, 30 Meter hohen künstlichen Wasserfall, gehört zu den schwierigsten und spektakulärsten Löchern in der Welt des Golfs." Musik in meinen Ohren.

Ich liebe Sport. Ich habe einen von Shaquille O'Neals riesigen Basketballschuhen in meinem Büro ausgestellt und außerdem einen signierten Baseball von den New York Yankees, meinem Lieblingsteam. Er liegt neben der Zeichnung

„Für Donald Trump – ‚Wenn ich mal groß bin, will ich so werden wie du.' Shaq."

eines Hauses, die von Tiffany stammt. Sie scheint sich schon jetzt für Immobilien zu interessieren.

Da wir gerade von Immobilien sprechen: Ich habe einen Artikel aufgehoben, der davon handelt, wie ich das Grundstück unter dem Empire State Building im März 2002 für 57,5 Millionen Dollar verkauft habe. Das Immobiliengeschäft in New York kann wundervoll sein. Ich habe auch einen Artikel über Steve Witkoff aufbewahrt, einen anderen sehr erfolgreichen Baumogul. Ihm gehören das Woolworth Building, das News Building und wertvolle Immobilien in London. In einem Interview mit einer Londoner Zeitung beschrieb er mich als „den weltweit einzigen Menschen in der Immobilienbranche, der es zu einem Markennamen gebracht hat. Meiner Meinung nach wird das einmalig bleiben. Donald ist ein Meister des Marketing. Aber niemand kann vermarkten und ein Meister des Marketing sein, wenn er kein großartiges Produkt zu bieten hat – so läuft es einfach nicht. Man sagt, Coca-Cola sei Meister darin, Coca-Cola zu vermarkten, oder Nike sei Meister darin, Nike zu vermarkten. Wissen Sie was? Sie haben die besten Getränke und die besten Sportschuhe. Und Donald baut die besten Gebäude. Das ist eine Tatsache. Darin ist er einfach großartig, aber niemand gönnt ihm die verdiente Anerkennung."

Schließlich finde ich noch eine Postkarte von meiner wunderbaren Tochter Ivanka und eine alte Postkarte von meinen Eltern. Ich vermisse sie. Ich habe zwar erst ein Drittel der Schachtel durchgesehen, aber ich bin zum Abendessen mit Eric und Melania verabredet und will mich nicht verspäten.

19.00 Uhr. Ich nehme einen großen Stapel von Unterlagen mit, verabschiede mich von Norma, schalte das Licht aus, verlasse das Büro und mache mich auf den Weg zu meiner Wohnung. Es war ein guter Tag. Ein Geschäftstipp: Stellen Sie neben Ihren Schreibtisch eine Schachtel mit Erinnerungsstücken an Menschen und Ereignisse, die in ihrem Leben und ihrer Karriere eine wichtige Rolle gespielt haben. Wenn Sie den Inhalt dann und wann durchsehen, werden Sie immer wieder daran erinnert, wie gut es Ihnen geht.

DONNERSTAG

8.30 Uhr. Heute Morgen habe ich einen Interviewtermin mit der legendären Barbara Walters. Wir sprechen über den bevorstehenden Jahrestag des 11. September. Alles läuft gut; sie ist professionell und perfekt vorbereitet, und das ist immer hilfreich. Ich habe außerdem vor, heute Morgen überraschend bei Barbaras Show *The View* aufzutauchen, weil sich die Diskussionen in der Sendung seit Tagen hauptsächlich um mich drehen. Sie haben auf meinen Anruf gewartet, aber ich habe nicht angerufen, weil ich denke, die Sache wird lustiger, wenn ich persönlich dort auftauche – obwohl noch niemand außer mir davon weiß. Wenn mich jemand herausfordert, versuche ich immer, mich der Herausforderung zu stellen.

9.15 Uhr. Ich habe eine Besprechung mit Elaine Diratz, der Vertriebsleiterin im Trump World Tower an der United Nations Plaza. Dieser Wohnturm war während der Bauphase starken Widerständen ausgesetzt, aber er ist buchstäblich zum Triumph geworden, national wie international. Sogar Herbert Muschamp von der *New York Times* hat ihn gepriesen, und vor kurzem wurde er mit einem begehrten europäischen Designpreis ausgezeichnet. Das heißt aber nicht, dass wir uns auf unseren Lorbeeren ausruhen und unseren Erfolg genießen. Alles erfordert ständige Wartung – vor allem ein Objekt dieses Kalibers –, und außerdem ist das Gebäude ein begehrter Drehort für Filme und Fernsehshows. Elaine und ich besprechen die aktuellen Details.

9.45 Uhr. Don Jr. kommt herein und informiert mich über den aktuellen Stand seiner Arbeit. Er hat einen scharfen Verstand und weiß sehr viel über einige unserer Projekte. Er hat wohl gut aufgepasst in all den Jahren. Norma kommt herein und meint, ich müsse allmählich aufbrechen.

10.00 Uhr. Brian und ich gehen zu den ABC-Studios auf der West Side hinüber, um eine Aufnahme mit Regis Philbin zu drehen. Es ist ein schöner Tag. Die Stadt scheint zu strahlen, und wie immer gilt das auch für Regis und Kelly.

11.00 Uhr. Ich schleiche heimlich ins Studio von Barbara Walters' Show *The View* und sehe Sharon Stone, die in der Sendung zu Gast ist. Mitten im Programm redet man noch immer über mein Haar und über die Gründe, warum ich nicht angerufen habe. Joy Behar meint, hier sitze sie nun und warte noch immer auf den Anruf eines bestimmten Mannes. Meredith Vieira sagt, Joy erwarte wohl zuviel, wenn sie glaube, Donald Trump würde sie zurückrufen. Diese Diskussion hält eine ganze Weile an – wird er anrufen? Wird er nicht anrufen? –, und dann gehe ich einfach auf den Set. Die Zuschauer kreischen, als sie mich sehen. Joy sieht nicht gerade übermäßig glücklich aus, aber die Überraschung ist zweifellos gelungen. Barbara, Star und Meredith begrüßen mich herzlich. Joy ist wohl erleichtert darüber, dass ich ihre Bemerkungen überhaupt nicht übel genommen habe. Ich lasse sie sogar mein Haar berühren und frisieren und erkläre ihr, mein Haar sehe vielleicht nicht besonders gut aus, aber es sei meines, und ich sei damit zufrieden. Wir haben viel Spaß und sind uns wohl alle einig, dass ein Besuch besser ist als ein Telefonanruf.

12.00 Uhr. Steve Wynn besucht mich. Wir reden eine Weile miteinander, dann zeige ich ihm den Aufnahmeset von *The Apprentice* einige Etagen weiter unten. Steve und ich sind – wieder – gute Freunde.

12.30 Uhr. Ein ungewöhnlicher Tag, sogar für mich. Sandra Bullock besucht uns und kommt in den Konferenzraum, wo wir gerade eine Besprechung abhalten. Ich glaube, die Männer im Konferenzraum sind sehr beeindruckt, und ich bin es auch, obwohl ich versuche, betont cool zu wirken. Man kann wohl kaum behaupten, mein Leben sei langweilig, aber ein Besuch von Sandra ist für jeden etwas Besonderes – vor allem für meine Bauunternehmer, die gar nicht glauben können, dass sie es wirklich ist.

13.00 Uhr. Robin, eine meiner Assistentinnen, isst einen sehr appetitlich aussehenden Salat, und ich bitte Sie, für mich auch einen zu bestellen. Dann beantworte ich Anrufe, die während meiner Abwesenheit eingegangen sind, unter anderem von Bob Tisch, dem Eigentümer der New York Giants und der Loews-Hotels. Die Familie Tisch hat in New York sehr viel Gutes bewirkt, und ich mag Bob sehr. Die meisten Leute, die ich kenne, verlassen zum Mittagessen nicht ihre Büros. Wenn ich also zur Mittagszeit anrufe, dann wissen Sie, dass ich wirklich mit ihnen sprechen will.

Ich spreche mit Ashley Cooper, dem Direktor des Trump National Golf Club in Bedminster, New Jersey, über die aktuelle Situation dort. Nächste Woche werde ich mit dem Hubschrauber hinfliegen, um mir selbst ein Bild zu machen.

Ich rufe Sirio Maccioni an. Ihm gehört das Le Cirque, eines meiner Lieblingsrestaurants in New York. Wir möchten uns dort heute Abend zu einem Arbeitsessen treffen. Einen Tisch zu bekommen ist kein Problem; ich rede mit Sirio nur über einige Einzelheiten. Er hat den Instinkt und die Manieren, die man braucht, um ein erstklassiges Restaurant zu leiten. Ich freue mich immer darauf, ihn zu treffen.

13.30 Uhr. Ich gehe mit Norma in den kleinen Konferenzraum zu einem Treffen mit einigen Managern der Bank One. Es geht um eine neue Kreditkarte, die Trump Card, die ich bald herausbringen werde. Alle sagen mir, dass die Karte ein großer Erfolg werden wird, und wir machen gute Fortschritte.

Die Sekretärin von Aretha Franklin ruft an und erkundigt sich, ob ich Ende des Monats ihr Konzert in der Radio City Hall besuchen kann. Aretha ist ein Weltstar, aber leider werde ich an diesem Tag auf einer Geschäftsreise sein. Das ist einer der Nachteile eines übervollen Terminkalenders, aber Arethas Einladung schmeichelt mir trotzdem.

Wenn mein Terminkalender ein wenig verrückt auszusehen beginnt, dann denke ich gern an ein Labyrinth. Labyrinthe gab es schon im Griechenland der Antike, und meist verbindet man sie gedanklich mit Schwierigkeit und Komplexität. An sie zu denken hilft mir, denn im Vergleich zu meinem Terminkalender sieht ein Labyrinth oft wie ein Kinderspiel aus, und diese Vorstellung beruhigt mich. Das mag zwar eine etwas verwickelte Psychologie sein, aber es funktioniert. Inzwischen habe ich gehört, dass es auch heute noch einige berühmte Labyrinthe gibt, zum Beispiel nahe der Kathedrale von Chartres in Frankreich, und dass sie meditativen Zwecken dienen. Mein Motiv war allerdings immer, die richtige Perspektive für meine Agenda zu finden.

Wie heißt es doch so richtig: Wenn es funktioniert, ist es in Ordnung.

14.00 Uhr. Ich nehme im kleinen Konferenzraum an einer Besprechung der Verantwortlichen für eine meiner Immobilien teil. Meiner Meinung nach kann sich jeder glücklich schätzen, der in einem meiner Gebäude wohnt. Nicht nur, weil das Gebäude großartig ist, sondern weil wir allergrößten Wert auf Instandhaltung und Service legen. Wir wollen, dass die Menschen, die in meinen Gebäuden wohnen und arbeiten, in jeder Hinsicht vollauf zufrieden sind. Daher sind diese Besprechungen wichtig für mich, und der Grund dafür ist einfach: Meine früheren, gegenwärtigen und zukünftigen Mieter haben eine sehr wichtige Eigenschaft gemeinsam: Sie wollen für ihr Geld das Beste. Daher kann ich Ihnen eine ganz einfache Erfolgsformel nennen: Enttäuschen Sie niemanden.

Eine Dame, die gegenüber von einem meiner Gebäude wohnt, hat tatsächlich bei uns angerufen und sich beklagt. Ihre Beschwerde? Das ständige Putzen und Polieren meines Gebäudes mache sie verrückt. Immer wenn sie über die Straße schaute, putzte gerade irgendwer irgendwas, und sie hielt das für übertrieben und unnötig. Offentsichtlich hätte ich ein Problem, und jemand sollte sich darum kümmern. Das Schöne an den Geschichten aus New York ist, dass man sie nicht erfinden muss.

14.45 Uhr. Ich mache einen kurzen Rundgang durch unsere Büroräume. Zunächst besuche ich meinen Rechtsberater Bernie Diamond, der gerade eine Besprechung mit Sonja Talesnik hat. Dann spreche ich mit Andy Weiss und Don Jr. über ein Projekt, an dem sie beide arbeiten. Ich gehe an Scott Etess vorbei, der gerade telefoniert, und sehe Charlie, Jill und Russell im Konferenzraum. Ich schaue noch kurz bei meinem für Konstruktion zuständigen Vizepräsidenten Micha Koeppel vorbei und bemerke, dass Nathan Nelson und Anna DeVicentis telefonieren. Ich bitte meine Buchhalter Jeff McConney und Eric Sacher für 16.30 Uhr zu einer Besprechung mit Allen Weisselberg und mir. Ich sehe, dass Ramon mit einem enormen Poststapel zu tun hat. Wir bekommen hier wirklich viel Post. Alle sehen sehr beschäftigt aus, es herrscht eine konzentrierte, aber angenehme Atmosphäre. Auf dem Rückweg zu meinem Büro spreche ich noch kurz mit George Ross und Jason Greenblatt. Ich bemerke, dass einige Türknöpfe poliert und das Kopierzimmer ein wenig aufgeräumt werden sollten, aber im Prinzip sehen unsere Büroräume gut aus. Wir arbeiten nun schon seit 20 Jahren hier, und die Büros sehen noch immer aus wie neu.

15.00 Uhr. Ich nehme die Einladungen zur Eröffnung der neuen Filiale von Ferragamo und zur Luca Luca Fashion Show im Bryant Park an. Wir versuchen, meinen Terminplan für das Wochenende zu arrangieren, der im Moment noch so aussieht, als könne man ihn selbst mit Hilfe eines Privathubschraubers kaum bewältigen. Nur gut, dass ich ein aktiver Mensch bin, denn sonst könnte mir das alles zuviel werden.

Reggie Jackson kommt zu einem kurzen Besuch vorbei. Er ist hier immer willkommen, und meine Angestellten freuen sich sehr, wenn er kommt. Wir sprechen ein paar Minuten lang miteinander, und ich denke an all die unglaublichen Momente, die er uns als Spieler der New York Yankees beschert hat. Wirklich ein großer Mann. Ich beantworte Anrufe von Jay Neveloff, David Scharf und meinem Bruder Robert. Dann rufe ich bei meiner Eislaufbahn Wollman Rink an, um mich zu erkundigen, wie es mit unserer Attraktion für die Sommermonate aussieht, die wir Victorian Gardens genannt haben. Im Sommer nutzen wir die Fläche des Eisstadions als eine Art Kinderspielplatz für gehobene Ansprüche. Da wir das in diesem Jahr zum ersten Mal gemacht haben, bin ich an einem Bericht aus erster Hand interessiert.

15.30 Uhr. Ich gehe zur Trump Park Avenue hinüber. Wie schon mehrmals erwähnt, schaue ich mir die Dinge gern persönlich an, und ich finde die Besichtigung meiner Immobilien nie langweilig. Dieses Gebäude ist wirklich schön. Im letzten Jahr hat mich die *New York Times* interviewt, und es ging dabei um dieses Gebäude und um den Immobilienmarkt in New York. Ich sagte: „Menschen investieren lieber in Immobilien als in Enron oder

WorldCom. Immobilien kann man berühren, fühlen und riechen. Ganz im Gegensatz zu Enron, denn Enron kann man nur riechen." Costas Kondylis hat einmal erwähnt, dieses Gebäude habe zudem einen Vorteil gegenüber Immobilien, die so aussehen, als seien sie schon vor dem Krieg erbaut worden. Es sieht nämlich nicht nur so aus, es wurde *tatsächlich* vor dem Krieg erbaut. Die Umbauarbeiten gehen voran, alles ist blendend.

Auf dem Rückweg ruft mir eine Dame zu: „Hey, Donald, dein Haar sieht toll aus!" Wahrscheinlich hat sie heute morgen *The View* im Fernsehen gesehen. Ich kenne die Dame zwar nicht, aber ich bin ihr dankbar.

16.30 Uhr. Ich erhalte einen Anruf von Joe Cinque, der mir über Sardinien erzählt. Die Insel ist ziemlich weit weg, aber er sagt, sie sei, nach Mar-a-Lago, sein liebster Aufenthaltsort. Joe ist auf der ganzen Welt unterwegs; vielleicht sollte ich mir Sardinien einmal ansehen.

Ich habe eine kurze Besprechung mit meinen Finanzleuten – Allen, Jeff und Eric. Schade, das ich kein Foto für Sie von diesen Männern habe – ein tolles Team. Sie leisten gute Arbeit. Ich werde oft gefragt, wie ich die Leute finde, die für mich arbeiten. Vielleicht handelt es sich um göttliche Eingebung, falls es so etwas gibt. Aber jedenfalls funktioniert es. Ich habe einmal geschrieben, man sollte versuchen Mitarbeiter zu finden, die man mag. Diese drei sind ein gutes Beispiel dafür.

16.50 Uhr. Rhona kommt herein und sagt, Jim Griffin sei am Telefon. Haben Sie schon einmal von der William Morris Agency gehört? Er ist der Mann, den man dort kennen sollte. Jim ist jemand, der kein Blatt vor den Mund nimmt und die Dinge beim Namen nennt. Ich weiß das sehr zu schätzen. Er sagt einem, wie die Dinge stehen, und er tut es schnell.

17.00 Uhr. Ich erhalte viele Briefe von Schülern und Studenten, die mir bestimmte Fragen stellen, wobei es entweder um schulische Projekte oder um persönliche Interessen geht. Leider kann ich nicht alle diese Briefe beantworten, aber ich lese sie mir gern durch. Die Einfachkeit und Direktheit der Fragestellungen

sorgt dafür, dass meine Aufmerksamkeit für die kleinen Dinge erhalten bleibt. Oder wie es Benjamin Franklin ausgedrückt hat: „Hüte dich vor kleinen Ausgaben. Ein kleines Leck kann ein großes Schiff zum Kentern bringen."
Im Geschäftsleben ist nichts so klein, dass man es unbeachtet lassen könnte.

17.30 Uhr. Ich sehe einen Stapel von rechtlichen Dokumenten durch und schreibe kurze Notizen darauf, damit meine Assistentinnen sie morgen früh bearbeiten können. Wir wären rettungslos verloren, würden wir uns nicht mehrmals täglich um unsere Korrespondenz kümmern. Ich erhalte Anfragen von Menschen aus allen erdenklichen Berufsgruppen unter der Sonne, dem Mond und den Sternen. Mein täglicher Posteingang umfasst Briefe von Künstlern, Musikern, Drehbuchschreibern, Architekten, Autoren, Dichtern, Comedians, Köchen, Designern, Schauspielern, Schustern und so fort. Und das ist schon eine verkürzte Aufzählung. Außerdem bekomme ich mehrmals im Jahr einen Stapel Kochbücher von einer Dame in Illinois. Warum sie das tut, ist mir ein Rätsel. Sie sollte eigentlich wissen, dass Kochen zu den wenigen Dingen gehört, die ich nicht mache.

18.30 Uhr. Für heute reicht es. Ich sehe noch kurz die eingetroffenen Faxe durch und gehe nach oben.

FREITAG

8.30 Uhr. Die Unternehmer, die ich mit den Elektroinstallationen beauftragt habe, rufen an und erzählen mir dumme Ausreden, weil sie weit hinter dem Zeitplan liegen. Sie haben ihre Aufgabe vernachlässigt. Ich habe sie sorgfältig beobachtet und weiß genau, wo ihr Problem liegt. Das sage ich ihnen auch. Sie haben die Botschaft verstanden und versprechen, den Zeitrückstand aufzuholen. Wir werden sehen. Ich glaube ungefähr 20 Prozent von dem, was die von mir beauftragten Unternehmer mir erzählen, und auch das nur an guten Tagen. Sie wissen genau, was ich damit meine.

9.00 Uhr. Ich erhalte einen Anruf von Dick Levy, einem echten Gentleman, und danach lasse ich mir eine Diät-Cola bringen. Bei einem weiteren

Anruf geht es um eine Zeitungsanzeige, die ich vor kurzem veröffentlicht habe. Ich habe mich darin gegen die Spielautomaten auf den Pferderennbahnen in New York ausgesprochen. Ohne zahllose Sicherheitsmaßnahmen sind diese Automaten nicht im öffentlichen Interesse. Ich habe in der Anzeige auch klar gemacht, dass sich daraus ein Nährboden für organisierte Kriminalität bilden könnte. Sie zeigt ein Foto von Al Capone mit der Bildunterschrift: „Er wäre begeistert gewesen." Am Ende der Anzeige steht die Zeile: „Diese Anzeige wurde von jemandem finanziert, der vielleicht nicht immer Recht hat, der aber genau weiß, was falsch ist." Ich glaube, die Aussage ist klar.

Rhona fragt mich nach dem Spiel der New York Giants in der kommenden Woche, und ich beschließe hinzugehen. Dann beantworte ich Anrufe von Bo Dietl, Vinnie Stellio und Ivana und rufe Jim Griffin von der William Morris Agency an. David Granger ruft an. Er erzählt mir, dass das Magazin *Esquire* eine Wohnung im Trump World Tower als Musterbeispiel der ultimativen Wohnung für einen Mann verwendet: das Esquire-Appartement. Ich muss ihm zustimmen – einen besseren Ort dafür gibt es nicht.

Ein Journalist ruft mich an, der gerade an einem Artikel über Motivation und Führungsqualitäten schreibt. Unter anderem fragt er mich, wie ich mit Leuten umgehe, die immer wieder die gleichen Fehler machen. Ich sage ihm die Wahrheit: Ich gehe überhaupt nicht mit solchen Leuten um. Sie arbeiten inzwischen für jemand anderen.

9.30 Uhr. Ich sehe kurz aus dem Fenster, was ich selten tue, trotz der spektakulären Aussicht, die mein Büro bietet. New York hat etwas Inspirierendes, und ich darf mich glücklich schätzen, hier zu leben. Gerade als ich diesen Gedanken nachhänge, kommt ein Anruf vom *Los Angeles Confidential Magazine*. Man bittet mich um meine Meinung über diese Zeitschrift. Ich antworte, dass Los Angeles eine ebenso kosmopolitische Weltstadt ist wie New York – was ja auch zutrifft –, und dass ich die Zeitschrift sehr schätze. Ich bin immer gern in Kalifornien, und wegen meines neuen Golfplatzes in Los Angeles werde ich in näherer Zukunft mehr Zeit dort verbringen können als früher. Ich rufe

Jason Binn an, um ein wenig mit ihm zu plaudern. Er ist ein erfolgreicher Zeitschriftenverleger, und wir haben schon seit ein paar Wochen nicht mehr miteinander gesprochen. Ich schätze seine Meinung sehr.

Tom Fazio ruft an. Wir sprechen über einige Pläne für meine Golfplätze, und er informiert mich über den neuesten Stand der Dinge auf meiner Golfanlage in New Jersey. Er liebt seine Arbeit; man merkt es daran, wie aufmerksam er sich den Details widmet. Dann ruft John Mack von Credit Suisse an. Trotz seiner großen Erfolge ist er bescheiden geblieben – was für ihn zählt, ist seine Arbeit. Das waren zwei einfache und sehr informative Gespräche. Die Leute sollten wissen, dass ich seit langer Zeit mit allen möglichen Menschen und Branchen zu tun habe. Ich kann also sehr gut zwischen Blendern und wirklich hervorragenden Leuten unterscheiden. Wenn ich in meinem Büro wegen einer Person oder einer Sache aus der Haut fahre, dann gibt es meist gute Gründe dafür. Diese Gründe sind mir absolut klar, und ich sehe überhaupt nicht ein, warum ich jemanden tolerieren sollte, der ineffizient oder unverantwortlich handelt. Ich tue mein Bestes, und meine Mitarbeiter oder Geschäftspartner sollten das auch tun.

Jemand, der viele Jahre mit mir zusammengearbeitet hat, hat mich einmal mit einem Generator verglichen, der startet, läuft, an Energie gewinnt, auf einem höheren Level weiterläuft, und das alles ganz problemlos – wenn man vom Siedepunkt absieht. Glauben Sie mir: Wenn mich etwas zum Explodieren bringt, dann steckt jede Menge Energie dahinter. Aber immerhin kann ich ehrlich damit umgehen. Die obige Einschätzung stimmt jedenfalls. Ein hervorragender Anwalt aus Palm Beach hat mich einmal das Gegenteil eines Tornados genannt: Ich baue alles auf, was mir im Weg steht, statt es zu zerstören.

Robin kommt herein und sagt mir, die Kopien, die ich haben wollte, würden ein wenig länger dauern, weil unser Kopierer schon wieder streikt. Ich kann es nicht glauben. Trotz all der großartigen Erfindungen unserer Zeit sollte es nicht möglich sein, einen Kopierer zu bauen, der nicht alle drei Minuten seinen Geist aufgibt? Solche Dinge können mich wirklich in Rage bringen. Ich rufe Pete Strada an, unseren Einkaufsmanager, und frage ihn, wann der Leasingvertrag für diese verdammte Maschine abläuft. Ich will sie so schnell wie möglich loswerden.

10.00 Uhr. Norma kommt herein. Wir sprechen über den Empfang der Elizabeth Glaser Pediatric AIDS Foundation, bei dem ich zusammen mit Heidi Klum und Jonathan Tisch als Gastgeber auftreten werde. Er wird im kommenden Monat bei Sotheby's stattfinden. Wir sprechen auch noch über einige Interview-Anfragen und Einladungen und darüber, wie wir sie in meinem Terminkalender unterbringen können. Jede Woche meinen wir, eine Steigerung sei nicht mehr möglich, aber die nächste Woche wird noch hektischer, und daher sind wir in dieser Hinsicht hart im Nehmen. Ich habe heute viel mehr zu tun als je zuvor. Das ist ein Grund dafür, dass ich mich selten beklage. Mir fehlt einfach die Zeit dazu.

Ich erhalte einen Anruf von Tony Senecal, unserem Empfangschef und Historiker in Mar-a-Lago. Er ist ein toller Kerl und ein großer Gewinn für Mar-a-Lago. Tony informiert mich über den aktuellen Stand der Dinge, und ich bin froh, dass er einen messerscharfen Sinn für Details hat.

Jean-Georges Vongerichten ruft an. Er ist nicht nur ein genialer Koch, sondern auch ein Visionär. Er ist ein berühmter Mann, aber was wirklich für ihn zählt, ist die Kochkunst. Wenn Sie eines seiner Restaurants besuchen, werden Sie verstehen, was ich meine.

10.30 Uhr. Die bekannte Publizistin Tina Brown ruft mich an. Es gab Zeiten, als wir uns nicht besonders gut verstanden, aber wir haben unsere Meinungsverschiedenheiten ausgeräumt. Ich spreche gern mit ihr. Sie weiß viel und hat eine rasche Aufassungsgabe.

Ich bitte George Ross und Carolyn Kepcher herein. Ich habe beschlossen, dass sie in *The Apprentice* eine wichtige Funktion einnehmen sollen, indem sie sich selbst spielen. Sie sind beide einverstanden und scheinen sich auch nicht überrumpelt zu fühlen. Schauspielerische Leistungen sind dabei nicht gefordert, es soll ein ganz normaler Arbeitstag für sie sein. Vielleicht ein Arbeitstag, der ein wenig länger dauert, aber ansonsten ganz normal. Sie sind absolute Profis.

Ich erhalte einen Anruf von Jim Dowd, dem Pressesprecher von NBC, wegen *The Apprentice* und einen weiteren von Jay Bienstock, der zu den Produzenten von *The Apprentice* gehört. Beide wissen sehr genau, was sie tun, was für mich eine große Erleichterung bedeutet. Dann brülle ich eine Weile ein paar Bauunternehmer an. Es wäre zu langatmig, Ihnen die Gründe dafür zu erläutern, aber das ist in der Immobilienbranche absolut notwendig. Ich verbringe viel Zeit damit.

Ich erhalte einen Anruf von Eliot Spitzer, dem New Yorker Generalstaatsanwalt. Er ist ein hoch intelligenter Mann, der vor einer glänzenden Zukunft steht. Er ist einfach unglaublich!

11.00 Uhr. Ich gehe zum großen Konferenzraum, um mir einige Pläne für ein mögliches neues Projekt anzusehen. Mein Planungs- und Bauteam – Charlie, Russell, Jill und Don Jr. – ist auch dabei. Aus dieser Sache könnte durchaus etwas werden, aber ich muss noch ein wenig darüber nachdenken. Ich habe keine Formel, um zu einer Entscheidung zu gelangen, denn jede Situation ist einzigartig. Daher erlaube ich auch meinem Urteilsvermögen, auf diese Einzigartigkeit einzugehen, und zwar ohne zeitliche Begrenzung. Wenn es soweit ist, dann ist es in Ordnung. Ich habe zwar den Ruf, recht ungestüm vorzugehen, aber ich nehme mir viel Zeit, wenn es darum geht, wichtige Entscheidungen zu treffen. Die Leute sehen diesen Prozess natürlich nicht – sie sehen nur die Ergebnisse.

11.30 Uhr. Ich beantworte neun Anrufe und merke allmählich, wie sehr ich mich auf das Mittagessen im Golfclub und die Golfrunde mit Bill Clinton, David Granger und Alfons freue. Es ist ein schöner Tag, und ich überprüfe meine Golfplätze gern selbst. Das ist einer der Gründe, warum sich meine Schuldgefühle darüber in Grenzen halten, mir diesen freien Freitagnachmittag zu gönnen – letztlich arbeite ich ja doch.

Jemand hat uns eine große Schachtel Godiva-Schokolade geschickt. Eine schwere Versuchung, aber ich schaue mir die Schachtel nur eine Weile an und bringe sie dann für meine Angestellten nach draußen. Wer mag da noch behaupten, ich sei kein netter Kerl? Auch die belgischen Trüffel bringe ich nach draußen. Das Leben kann hart sein.

12.00 Uhr. Ich bitte George Ross herein, und wir sprechen über einige Dinge. Wer mit George spricht, der erfährt, was das Wort *lakonisch* bedeutet. Fünf Minuten mit ihm wiegen eine Stunde mit einem Rechtsanwalt auf.

12.05 Uhr. Ich rufe Mike Donovan an, um zu erfahren, wie die Arbeiten an meinem 727er Privatjet vorangehen. Er sagt, das Flugzeug werde nächste Woche wieder startklar sein, und das ist eine gute Nachricht, weil ich meinen Golfplatz in Kalifornien besichtigen will.

12.15 Uhr. Mark Burnett und seine beiden Produzenten Jay Bienstock und Kevin Harris kommen zu einer Besprechung. Wir diskutieren die Aufgabenstellungen für die 16 Kandidaten in *The Apprentice*. Das ist ein interessanter Prozess. Wir wollen sicherstellen, dass jede Aufgabe einen Sinn hat, der über den bloßen Unterhaltungswert hinausgeht. Diese Leute sind nicht nur nett, sondern auch intelligent. Ich habe wirklich das Gefühl, dass wir gut vorbereitet sind und unsere Hausaufgaben gemacht haben. Alle Bedenken sind verschwunden, die ich je gegen diese Fernsehshow hatte.

12.45 Uhr. Ich bearbeite 27 Anfragen, darunter Einladungen aus Peru, Norwegen und Indien. Norma meint, ich solle mir das Video über die Trump Park Avenue ansehen, bevor ich gehe. Es ist ziemlich lang, aber es gefällt mir ausgezeichnet.

13.00 Uhr. Ich packe meine Unterlagen und Faxe ein. Dann bitte ich Rhona, den Lift für mich bereitzustellen und Eddie mitzuteilen, dass mein Wagen in 15 Minuten startbereit sein soll.

Ich verlasse das Büro. Es war eine großartige Woche. Hoffentlich steht der Wagen bereit. Sonst bekommt Eddie mächtig Ärger.

TEIL 6

Teil 6

Hinter den Kulissen von *The Apprentice*

Mit Mark Burnett, dem Autor von The Apprentice, *und Jeff Zucker, dem Präsidenten von NBC Entertainment*

Prime Time – zur besten Sendezeit

In den vergangenen Jahren sind Reality Shows stark in Mode gekommen, und daher haben schon mehrere Fernsehsender versucht, mir die Teilnahme an einer solchen Show schmackhaft zu machen. Sie boten mir erhebliche Geldsummen, aber das Konzept war immer vorhersehbar. Sie wollten mich auf Schritt und Tritt mit Kameras verfolgen und zeigen, wie ich Geschäfte mache, meine Zähne putze und – natürlich! – mein Haar kämme. Das alles gefiel mir nicht.

Eines Tages wandte sich Les Moonves an mich, der Chef von CBS Entertainment. Er wollte das Finale der beliebten Serie *Survivor* live aus dem Wollman Rink übertragen, der im Central Park liegt und den ich langfristig gepachtet habe. Ich fand die Idee gut, vor allem als ich hörte, dass man dort den Dschungel künstlich nachbilden wollte, in dem die Kandidaten von *Survivor* gelebt hatten.

Als ich an diesem Abend am Wollman Rink ankam, staunte ich darüber, was die Leute dort auf die Beine gestellt hatten. Sie hatten eine Eislaufbahn mitten in der Stadt in eine exotische Wildnis verwandelt. Auf dem Weg zu meinem Platz kam mir ein gut aussehender junger Mann entgegen und sagte: „Hi, Mr. Trump. Ich bin Mark Burnett, der Autor von *Survivor*."

Ich sagte: „Mark, das müssen Sie mir nicht erzählen. Jeder weiß, wer Sie sind. Aber es ist wirklich schön, Sie kennen zu lernen."

Er sagte: „Wissen Sie, Mr. Trump, ich habe da eine Idee, und ich möchte mit Ihnen darüber sprechen, sobald es Ihnen recht ist."

Eine Woche später kam er in mein Büro. Bevor er seine Idee präsentierte, tat er das, was jeder kluge Unternehmer tun würde: Er stellte eine Verbindung zu mir her. Das tat er, indem er mir erzählte, ich sei ein Genie. Manche mögen solche Schmeicheleien für übertrieben halten, aber wenn sie einen selbst betreffen, hält man sie in der Regel für in Ordnung. In den leidenschaftlichsten Worten schilderte er mir, wie er vor 15 Jahren, als er am Venice Beach Hemden verkaufte und kaum seinen Lebensunterhalt damit verdienen konnte, *The Art of the Deal* gelesen hatte. Er sagte, das habe sein Leben verändert.

„Wenn das so ist", sagte ich, „warum haben Sie mir dann nicht meine 20 Prozent überwiesen?"

Er lachte herzlich. Ich wusste natürlich, dass er diesen Auftritt geplant hatte, aber er machte seine Sache brillant. Ich war beeindruckt.

Dann erzählte er mir von seiner Idee für *The Apprentice* – eine Serie, die im Dschungel von New York spielt, dem schlimmsten Dschungel von allen, wo die Menschen einander in Stücke reißen, um der Konkurrenz einen Zentimeter voraus zu sein.

Seine Idee war großartig: 16 Kandidaten in einer Art Bewerbungswettstreit, der im Fernsehen gezeigt wird und 13 Wochen dauert – und der Gewinner wird mein *Apprentice*, mein Lehrling. Er bekommt für ein Jahr einen Job mit sechsstelligem Gehalt in der Trump Organization. Vielleicht auch für länger, wenn er sich bewährt. Am meisten gefiel mir dabei, dass das Konzept von *The Apprentice* lehrreich für die Zuschauer sein würde. Die Menschen könnten sehen, wie die Geschäftswelt real funktioniert, und was man braucht, um dort zu überleben – oder um auch nur eine Chance zum Überleben zu haben.

Ich fragte Mark, welches Engagement die Sache von meiner Seite erfordern würde. Marks Antwort werde ich nie vergessen, und ich erinnere ihn auch immer wieder daran: „Donald, glauben Sie mir, wir würden Sie allerhöchstens für drei Stunden pro Woche brauchen."

Heute kann ich von ganzem Herzen sagen: Ich war ein wirklicher Trottel, ihm das zu glauben.

Die ersten Episoden dauerten je etwa 30 Stunden. Aber es stellte sich schnell heraus, dass mir das nichts ausmachte. Im Lauf der Zeit wurde mir klar, dass aus dieser Show etwas wirklich Großes werden konnte, und ich war bereit, so viel Zeit zu investieren, wie Mark mich brauchte.

Als wir das Konzept den großen Fernsehsendern vorstellten, wollte es jeder haben. Sie liebten es. Wir entschieden uns für NBC. Dieser Sender strahlt auch die Shows zur Wahl der Miss Universum, der Miss USA und der Miss Teen USA aus, und daher verliefen die Verhandlungen schnell und problemlos. Niemand musste von irgendetwas überzeugt werden, und von der ersten Besprechung an ergab sich ein enges Vertrauensverhältnis. Bob Wright, der Vorsitzende von NBC, und Jeff Zucker, der Präsident von NBC Entertainment, sind die Besten in ihrer Branche. Sie taten alles dafür, die Show bekannt zu machen. Ihr Lohn waren begeisterte Kritiken und die höchsten Einschaltquoten aller neuen Shows in diesem Jahr. Ich weiß: Das klingt nach den im Showgeschäft üblichen Übertreibungen. Aber es ist wahr.

Als ich mich erst einmal an die zeitlichen Anforderungen gewöhnt hatte, fiel mir die Mitwirkung an der Show leicht, denn im Grunde genommen mache ich in *The Apprentice* nichts anderes als sonst: Ich engagiere Leute. Ich feuere Leute. Ich bringe die Dinge zum Laufen.

Mit am besten an der Show gefallen mir meine dramatischen Auftritte und Abgänge – aus Limousinen und Flugzeugen oder ins Vorstandszimmer. Es ist gut, der Chef zu sein. Und noch besser ist es, in einer landesweit übertragenen Fernsehsendung der Chef zu sein. Sehr gut gefallen haben mir auch die Gastauftritte von Stars wie George Steinbrenner und Donny Deutsch, des besten Werbeexperten unserer Branche. Und natürlich der Auftritt von Regis.

Als wir die Show den Medien präsentierten, handelte es sich wohl um eines der Aufsehen erregendsten Jobangebote der jüngeren Geschichte. In der ersten Woche verzeichneten wir 86 000 Besucher auf unserer Website. 70 000 Bewerbungsformulare wurden heruntergeladen – das erste in Hamburg. Bei 215 000 Formularen hörten wir auf zu zählen. Es war vielleicht die umkämpfteste Bewerbung um einen Job, die es je gegeben hatte.

Zum Glück wussten Mark und sein Team, was sie taten. Nach Durchsicht der zwölfseitigen Bewerbungsunterlagen und der Videos, die alle Bewerber einsenden mussten, prüften zehn Casting-Direktoren und fünf Assistenten das Material noch einmal, um die Zahl der Bewerber auf diejenigen zu begrenzen, denen man hohes Potenzial zutrauen durfte.

Die Auswahlprozedur war umfassend und gründlich. Im Geist der Fairness führten wir Castings in zehn großen amerikanischen Städten durch.

Begrüßung der tapferen Casting-Kandidaten für The Apprentice *vor dem Trump Tower im August 2003*

Zehntausende Interessenten kamen. In New York City, vor dem Trump Tower, standen dann Tausende stundenlang im strömenden Regen, um einige Augenblicke der Aufmerksamkeit zu ergattern. Natürlich haben es die meisten von ihnen nicht geschafft, aber sie haben dennoch, was man braucht, um erfolgreich zu sein. Sie haben den inneren Drang zum Erfolg.

Ihren Enthusiasmus zu sehen, brachte mich für die Show erst so richtig auf Touren. Ich war völlig überwältigt. Ich dachte: *Wollen wirklich alle diese Leute für mich arbeiten?* Es war unglaublich schmeichelhaft. Dann wiederum bezweifelte ich, ob diese Leute wirklich wussten, worauf sie sich da einlassen wollten. An einem besonders anstrengenden Tag hörte ich gerüchteweise in meinem Büro, dass man den unterlegenen Kandidaten den Namen „Die glücklichen 15" verpasst hatte.

Schon vor Beginn der Dreharbeiten gab es einige amüsante Momente. Eines Tages brachte Mark seinen Vater Archibald mit. Nach dem Treffen sagte Archibald zu mir: „In Wirklichkeit siehst du viel besser aus als ich gedacht habe. Vielleicht bist du einfach nicht besonders fotogen. Viel Glück mit der Show." Mark beeilte sich mir zu sagen, sein Vater stamme aus Schottland und sei manchmal ein wenig derb. Ich fand ihn großartig.

Es macht Spaß, mit Mark zu arbeiten. Er ist das britische Gegenstück zu einem Green Beret. Mark hat vor nichts Angst und besitzt enorm viel positive Energie, und damit entspricht er meiner Vorstellung von einer Führungspersönlichkeit. Wie sind beide große Fans von Neil Young. Daher nahm ich ihn zu einem Konzert im Taj Mahal in Atlantic City mit und machte ihn danach mit Neil bekannt. Danach gingen wir zu Naomi Campbells Party in New York City.

Wenn ich Mark anderen Bekannten vorstellte, erwähnte ich immer seine Verbindung zu *Survivor*. Aber manchmal erntete ich damit ratlose Blicke, vor allem von einem Chinesen, den wir im Taj Mahal trafen, und der dort beim Pokern viel Geld gewonnen hatte. Erst nach einer Weile fiel mir ein, dass *Survivor* im chinesischen Fernsehen wohl kaum gezeigt wird. Der Pokergewinner hatte gedacht, Mark habe eine Krebserkrankung überlebt – und deshalb wusste er zunächst nicht, was er sagen sollte.

Als das Fernsehteam zum ersten Mal im Trump Tower auftauchte, sorgte es für einiges Durcheinander. Unser normaler Arbeitsalltag wurde schon durch die bloße Anwesenheit der Fernsehleute verändert. Es war ungewöhnlich für uns, all diese Kameras zu sehen. Aber schon nach wenigen Wochen wurde das zu einem Teil unseres Alltags. Jay Bienstock und Kevin Harris, zwei von Marks Produzenten, wurden zu festen Bestandteilen unserer Organisation, und das galt auch für den NBC-Manager Jim Dowd. Ungewöhnlich fanden wir es höchstens, wenn sie einmal nicht da waren, weil dann etwas zu fehlen schien. Sie waren nie eine Belastung für uns, und wir vermissten sie, als die Dreharbeiten vorüber waren.

Im Gegensatz zu einem Film oder einer Fernsehshow mit festem Drehbuch entsprach *The Apprentice*, so wie man es auf NBC sehen konnte, ziemlich genau dem, was hinter den Kulissen ablief. Das war ja auch die Idee. Hinter den Kulissen hieß: vor den Augen der Zuschauer. Jetzt werden Sie sagen: „Ich habe aber gehört, dass das Vorstandszimmer extra für die Aufnahmen erstellt worden ist und gar nicht das echte Trump-Vorstandszimmer war." Das stimmt, aber dafür gab es einen guten Grund. Das echte Vorstandszimmer im Trump Tower wird ständig benutzt, und wenn sich dort monatelang ein Filmteam aufgehalten hätte, wäre eventuell Schaden für mein Unternehmen entstanden. Daher haben wir es im vierten Stockwerk des Trump Tower nachgebaut. Dasselbe gilt für den Empfangsbereich, denn das ständige Kommen und Gehen der 16 Kandidaten und des Filmteams wäre eine unzumutbare Störung für unsere Angestellten und unsere Gäste gewesen. Außerdem wären einige Gäste wohl nicht darauf gefasst gewesen, plötzlich eine laufende Fernsehkamera vor der Nase zu haben.

Der Aufnahmebereich wurde im Trump Tower aufgebaut, so dass ich mit dem Lift in weniger als zwei Minuten dort sein konnte. Mein Terminplan ist recht hektisch, und daher wäre ein außerhalb gelegener Drehort problematisch gewesen. Es war eine gute Entscheidung, die Flächen an Ort und Stelle zu nutzen.

Die Wohnbereiche für die 16 Bewerber wurden ebenfalls im vierten Stockwerk erstellt, und auch die Aufnahmegeräte wurden dort installiert. Es war ein umwerfender Drehort mit Tonräumen, Technikräumen, Licht, Kameras und kilometerlangen Kabeln. Als ich das alles zum ersten Mal sah, verstand ich erst so richtig, welchen immensen Aufwand eine solche Show erfordert:

Designer, Dekorateure, Techniker, Assistenten, Produzenten und Regisseure arbeiten wie verrückt. Auf jeden Punkt des Drehorts konnten gleichzeitig 28 Kameras gerichtet werden. Es war wirklich eine große Sache.

Am Tag nachdem ich das alles erstmals gesehen hatte, hielt ich für einen Moment inne und dachte nach. Was, wenn die Show ein Flop wird? All die Arbeit, all die Energie ... es musste einfach klappen. Und ich war fest entschlossen, mein Bestes zu tun, um die Show zu einem Erfolg zu machen.

Beruhigend war, dass keine schauspielerischen Leistungen von mir erwartet wurden. Mark Burnett sagte, meine Funktion in der Show bestehe darin, einfach ich selbst zu sein. Kann man sich selbst spielen? Ich weiß es nicht und versuche auch gar nicht erst darüber nachzudenken. Ich bin einfach ich selbst.

Ich musste keine Drehbücher lesen oder Texte auswendig lernen. Obwohl ich ein sehr gutes Gedächtnis habe, hätte ich dafür auch einfach keine Zeit gehabt. Mark würde mich jede Woche über die Aufgaben informieren, die den Bewerbern gestellt wurden, und von da an würde es weitergehen. Mir gefiel die Spontaneität dieser Vorgehensweise, denn auch im täglichen Geschäftsleben gibt es keine Proben. Was passiert, passiert eben.

Die Szenen im Vorstandszimmer und an anderen Orten waren in keiner Weise gestellt. Wenn sie dramatisch aussahen, dann lag es daran, dass Business eben dramatisch *ist*. Nichts daran ist langweilig. Und niemand kann dabei passiv bleiben – nicht einmal ein Zuschauer.

Die Entschlossenheit und Erwartungshaltung der 16 Bewerber zu sehen war ein Erlebnis für sich. Ich habe die Teilnehmer nie als „Mitspieler" bezeichnet, weil es sich nicht um ein Spiel handelte. Ich will keine Leute um mich haben, die ihren Job für ein bloßes Spiel halten. Viele der Bewerber hatten bereits hoch bezahlte Positionen oder waren selbst Unternehmer. Sie taten es also nicht nur wegen des Preisgelds. Wir versicherten uns, dass sie alle ernsthaft dazu bereit waren, nicht nur nach dem Wettbewerb, sondern auch schon während des Wettbewerbs etwas zu lernen. Damit stand auch fest, dass jeder Teilnehmer ein Gewinner war, unabhängig vom Ausgang des Auswahlverfahrens. Wie viele andere Reality Shows kennen Sie, bei denen es nur Gewinner gibt? Auch das war ein Grund, warum mir das Konzept von *The Apprentice* so gut gefiel. Jeder konnte nur gewinnen, und es würde keine Verlierer geben. So stelle ich mir eine Show vor.

Ich weiß, was Sie jetzt denken: *Aber Sie haben 15 Leute gefeuert!* Ja, aber denken Sie daran, was diesen Menschen geboten wurde, was sie zu sehen bekamen und wie viel sie gelernt haben.

Alle Aufgaben, die den Kandidaten gestellt wurden, erforderten in gewisser Weise Verhandlungsgeschick. Vor allem interessierte mich, wie die Bewerber die Aufgabe angehen würden, eine Reihe von Gegenständen, die wir ihnen aufgelistet hatten, so preiswert wie möglich einzukaufen. Diese Gegenstände kosteten zwischen zehn und 550 Dollar. Der teuerste Gegenstand mit den größten Einsparungsmöglichkeiten war ein Callaway Driver, also ein Golfschläger der obersten Preisklasse. Das siegreiche Team hat sich darauf konzentriert, diesen Schläger möglichst günstig zu kaufen. Die Verlierer konzentrierten sich auf den Kauf von Gold, also einer Ware, die einen sehr unflexiblen Preis hat. Das Gewinnerteam hatte eine wichtige Verhandlungs- und Geschäftsregel gelernt: Wenn die großen Projekte funktionieren, braucht man sich um die kleinen keine Sorgen zu machen.

Die 16 Bewerber wurden schnell zu Menschen, die ich mochte und um die ich mich kümmerte – in der Art, wie sich ein Boss um seine Angestellten kümmert. Sie waren ohne Ausnahme dynamische Persönlichkeiten mit beachtlichen Fähigkeiten. Es fiel mir nie leicht, einen von ihnen zu feuern.

Heidi Bressler, 30, eine Kundenbetreuerin aus Philadelphia, Pennsylvania. Heidi ist eine starke Persönlichkeit, die ihre Ziele nie aus dem Auge verliert. Sie hat ihren beruflichen Hintergrund zu ihrem Vorteil genutzt, indem sie stets ihr inneres Gleichgewicht bewahrte.

Jason Curis, 24, ein Immobilienunternehmer aus Detroit, Michigan. Jason hat große Fähigkeiten, aber er ist noch jung und ein wenig unbesonnen. Für diejenigen von Ihnen, die diese Episode nicht gesehen haben: Jason schnitt mir im Vorstandszimmer mitten im Satz das Wort ab. Man unterbricht *niemals* seinen Chef bei einer Besprechung. Und man unterbricht auch *niemals* einen Kunden während einer Besprechung. Aber er wird weiter lernen und Erfolg haben.

Katrina Campins, 24, eine Immobilienmaklerin aus Coral Gables, Florida. Katrina ist bereits eine sehr gute Maklerin, aber das ist etwas anderes als Präsidentin eines Unternehmens zu sein. Ich glaube, sie wird sich weiterhin auf ihrem beruflichen Gebiet bewähren. Vielleicht wird sie ja auch Unternehmerin. Aber bestimmt wird sie Erfolg im Leben haben.

David Gould, 31, ein Spezialist für Venture Capital im Gesundheitsbereich aus New York City. David hat eine bemerkenswerte Ausbildung genossen und besitzt zwei Universitätsdiplome, aber das Geschäftliche gehört noch nicht zu seinen Stärken. Er überraschte mich in der ersten Episode, weil er sagte, er hätte nur wenig Verkaufsgeschick. Warum sollte man eine Schwäche freiwillig eingestehen? Er wurde als erster gefeuert.

Jessie Conners, 21, Eigentümerin eines Chiropraktik-Unternehmens aus New Richmond, Wisconsin. Jessie war eine interessante Mischung aus Kultiviertheit und Unschuld. Sie kämpfte wie eine erfahrene Sportlerin, aber dann schadete sie sich selbst, indem sie sich die unfaire Behandlung seitens eines Mitbewerbers gefallen ließ. Man darf sich nichts gefallen lassen, wenn man im Geschäftsleben erfolgreich sein will. Aber man sollte sie nicht unterschätzen.

Bowie Hogg, 25, ein Kundenbetreuer bei FedEx aus Dallas, Texas. Bowie ist sehr entschlossen, aber als es um das Verkaufen ging, fiel er hinter die anderen Bewerber zurück. Er hat viel dabei gelernt, und ich bin zuversichtlich, dass er in seiner beruflichen Karriere erfolgreich sein wird.

Kristi Frank, 30, eine Immobilienmaklerin und Restaurantbesitzerin aus Bel Air, Kalifornien. Kristi weiß viel über die Welt, weil sie eine erfahrene Geschäftsfrau ist. Sie konnte sich aber nicht gut genug durchsetzen, und das zeigte, dass sie nicht hundertprozentig auf ihr aktuelles Ziel fokussiert war. Sie wird großen Erfolg haben, wenn sie sich besser konzentriert.

Kwame Jackson, 29, ein Investmentmanager bei Goldman Sachs aus New York City mit einem Harvard-Diplom. Er hat gute Umgangsformen, weiß sich zu benehmen und wird sicher seinen Weg machen. Kwame wurde dafür kritisiert, dass er im Planet Hollywood Basketbälle signierte und so den Eindruck erweckte, er sei ein berühmte Persönlichkeit. War das unanständig? Wenn man in einer Notlage ist, muss man ungewöhnliche Maßnahmen ergreifen. Kwames Team lag hoffnungslos zurück. Was er dann tat, muss man nicht unbedingt bewundern, aber ich glaube nicht, dass er die Grenzen des Erlaubten überschritten hat. Letztlich hat er es für die anderen Mitglieder seines Teams getan.

Amy Henry, 30, Managerin eines frisch gegründeten High-Tech-Unternehmens in Austin, Texas. Sie hatte Optionen im Wert vom mehreren Millionen Dollar besessen und alles verloren, als die Dot-Coms zusammenbrachen. Amy ist extrem intelligent und hat die richtige Einstellung, was den Teamgeist und alles andere betrifft. Es gibt nicht viel, das sie aus der Fassung bringen könnte, und ich traue ihr eine große Karriere zu.

Troy McClain, 32, ein Hypothekenexperte in der Versicherungsbranche und Bauunternehmer aus Boise, Idaho. Troy ist Optimist und Realist gleichermaßen. Das ist eine hervorragende Kombination, und man kann noch Großes von ihm erwarten. Außerdem fand ich es tapfer von Ihm, dass er seine Beine enthaart hat. Es zeigte mir, wie sehr er den Job haben wollte.

Tammy Lee, 36, eine Aktienbrokerin bei Merrill Lynch in Seattle, Washington. Tammys Erfahrung hat ihr eine realistische Sicht der Welt vermittelt. Sie achtet auf ihre Interessen und behält ihre Ziele klar im Auge. Ihre innere Stärke gehört zu ihren wichtigsten Eigenschaften, und das wird ihr in ihrer ganzen beruflichen Laufbahn helfen.

Bill Rancic, 32, der Gründer von *cigarsaroundtheworld.com*. Er hat das Unternehmen in seiner kleinen Wohnung in Chicago, Illinois, gegründet und erzielt damit inzwischen Umsätze von vielen Millionen Dollar. Bill ist ein netter Kerl, der eine große Zukunft vor sich hat, und er hat seine unternehmerischen Fähigkeiten schon unter Beweis gestellt. Er denkt sorgfältig nach, verfolgt seine Ziele mit großem Ernst, und man kann darauf wetten, dass er sie auch erreichen wird.

Omarosa Manigault-Stallworth, 29, eine Politikberaterin aus Washington, D. C., die für die Clinton/Gore-Regierung gearbeitet hat. Ähnlich wie bei Madonna genügt auch bei ihr der Vorname. Keiner aus der Gruppe kann so gut reden wie sie. Sie ist eine Kämpfernatur und besitzt das nötige Selbstvertrauen, um Erfolg zu haben. Hätte sie in Al Gores Wahlkampfmannschaft mitgewirkt, dann wäre er Präsident geworden.

Sam Solovey, 27, Mitbegründer eines Internet-Medienunternehmens aus Chevy Chase, Maryland. Er schaffte es nur bis zur dritten Episode, aber selbst das erschien manchen Zuschauern schon wie eine Ewigkeit. Sam war die smarteste Nervensäge im Fernsehen seit Howard Cosell. Er wird wohl entweder eine Firma in den Ruin führen oder eine neue IBM gründen. Ich halte ihn für sehr talentiert, und wenn er lernt, seine Begabung richtig einzusetzen, kann er es weit bringen. Ich konnte es nicht fassen, als er seiner Freundin im Fernsehen einen Heiratsantrag machte. Seine Braut sieht großartig aus, aber er vergaß, einen Ehevertrag zu verlangen. Ich hoffe für ihn, das er niemals einen brauchen wird.

Ereka Vitrini, 27, Marketing-Managerin bei Clinique, die ihre ersten geschäftlichen Erfahrungen in der Pizzeria ihrer Familie in New York City gesammelt hat. Ereka hat die richtige Einstellung und jede Menge Mut. Sie scheut sich nicht, ihre Meinung zu sagen, und das ist sehr wichtig.

Nick Warnock, 27, der bei Xerox im Vertrieb gearbeitet hat. Später gründete er in Bayonne, New Jersey, ein Unternehmen, das italienisches Eis verkauft, und heute lebt er in Los Angeles. Nick ist ein intelligenter Kerl, der seine Interessen zu wahren weiß. Er ist fleißig, aber er muss lernen, sich darauf zu konzentrieren, was in seiner Umgebung vor sich geht. Seine Hartnäckigkeit wird ihm zum Erfolg verhelfen.

Sie waren alle großartig – sogar Sam. Interessant fand ich die Veränderungen der Gruppendynamik und des gegenseitigen Umgangs, verbunden mit wechselnden Verhaltensmustern und Allianzen. So funktionieren Teams im Geschäftsleben.

Wie jeder sehen konnte, dominierten die Frauen zunächst die Männer, und so mancher fragte sich, ob Frauen die besseren Geschäftsleute sind. Ich denke, dass wir alle gleich sind – mit einer Einschränkung: Frauen müssen für ihren Erfolg härter arbeiten, und das wissen sie auch. Sie tun, was sie tun müssen, um ihre Ziele zu erreichen, und dabei gehen sie nicht unbedingt zimperlich vor.

Viele Zuschauer waren überrascht, als ich den Frauen meine Eindrücke darüber mitteilte, wie sie ihren Sexappeal einsetzten. Zunächst hatten sie damit ja Erfolg, aber ich wusste, dass das nicht immer der Fall sein würde. Manchmal funktioniert es, manchmal nicht, und ich wollte sie davor warnen, in diese Falle zu tappen.

Alle Frauen in *The Apprentice* flirteten mit mir – bewusst oder unbewusst. Das kann auch gar nicht anders sein, denn wenn sich Menschen begegnen, ist sexuelle Dynamik immer präsent – außer natürlich, man ist asexuell.

Im Planet Hollywood am Times Square mit George Ross und Carolyn Kepcher

Als Folge von *The Apprentice* sind einige meiner geschätzten Kollegen in der Trump Organization zu Fernsehstars geworden. Jede Woche saßen George Ross und Carolyn Kepcher neben mir im Vorstandszimmer. Sie taten für *The Apprentice*, was sie jeden Tag für mich tun: Sie achteten auf die Details, behielten das große Bild im Auge und gaben mir ausgezeichnete Ratschläge. Als ich ihnen meinen Wunsch mitteilte, sie sollten an meiner Seite in der Show auftreten, ohne Drehbuch und Proben, gingen sie diese Aufgabe an wie jede andere: durch und durch professionell und mit äußerster Sorgfalt. Und genau aus diesem Grund wirkten sie im Fernsehen auch so authentisch.

Carolyn ist geschäftsführende Vizepräsidentin und Direktorin einer meiner wichtigsten Besitzungen. Ich habe mich für sie entschieden, weil sie mich seit Jahren mit ihrer Intelligenz beeindruckt. George, ebenfalls geschäftsführender Vizepräsident und langjähriger Berater, ist ein scharfsinniger und zäher Mann mit Verstand – er toleriert keinen Unsinn, von wem der auch kommen mag.

Meine Assistentinnen Rhona Graff und Robin Himmler treten ebenfalls regelmäßig auf, und obwohl sie sehr anspruchsvolle Jobs haben, werden Sie mir wohl zustimmen, dass sie im Fernsehen alles andere als gestresst wirken. Auch meine Mitarbeiter Allen Weisselberg, Charlie Reiss, Norma Foerderer und Tom Downing hatten einige Auftritte, Bernie Diamond sogar vier. Wenn ich eine wichtige Stelle im Unternehmen neu besetze, lasse ich mich von diesen Mitarbeitern beraten, und daher war es nur logisch, sie auch bei der Auswahl des *Apprentice* mit einzubeziehen.

Meine Vizepräsidentin und persönliche Assistentin Norma Foerderer war die einzige, die ich mühevoll zu einem Auftritt überreden musste. Sie ist lieber „die Macht hinter dem Thron“ und wollte nicht im Rampenlicht stehen. Aber schließlich konnte ich sie doch dazu überreden.

Ich bin oft gefragt worden, inwieweit sich der Erfolg von *The Apprentice* auf meine Geschäfte auswirkt. Mein Honorar pro Episode ist zwar beträchtlich, aber für mich bedeutet es nicht viel. Es ist weit von dem entfernt, was die Stars von *Friends* erhalten. Weit wertvoller ist die kostenlose Werbung und die Publicity, die mein Unternehmen erhält. Ich kann das nicht mit einer bestimmten Summe bewerten. Schon vor *The Apprentice* war mein Name auf einem Gebäude viele Millionen Dollar wert. Dieser Wert ist seither sicher nicht gesunken. Man hat mir gesagt, *The Apprentice* habe die höchsten Einschaltquoten aller Fernsehshows, die jemals einen Geschäftsmann im realen Leben gezeigt haben. Wenn Fernsehzuschauer in den USA an das Geschäftsleben denken, dann denken sicher viele von ihnen an mein Unternehmen.

Wir bereiten nun schon die zweite Sendestaffel vor, die ab Herbst 2004 ausgestrahlt werden wird. Sollten Sie sich für eine Bewerbung und für den Job interessieren, so sehen Sie hier die vier wesentlichen Eigenschaften, um die es mir bei der Auswahl geht:

1. Eine außergewöhnliche Persönlichkeit. Sie sollten jemand sein, in dessen Nähe sich jeder wohl fühlt. Was sie auch tun – verkaufen, kaufen, verhandeln, analysieren oder managen –, das ist vielleicht der wichtigste Charakterzug. Sie müssen jeden Tag und jede Stunde dazu in der Lage sein, eine Verbindung zu den Menschen herzustellen, mit denen Sie zu tun haben.

2. Verstand. Damit meine ich nicht nur herkömmliche Bildung, sondern auch Cleverness und praktische Intelligenz. Diese Kombination ist ein sicherer Gewinner, wenn man sie richtig einsetzt.

3. Kreativität. Die Fähigkeit, über das Offensichtliche hinauszublicken, auf unvorhersehbare und phantasievolle Weise zu denken und Verbindungen herzustellen, die andere vielleicht nicht sehen. Diese Eigenschaft ist wohl am schwersten zu erwerben – man hat sie oder man hat sie nicht. Man kann aber auf verschiedene Art und Weise kreativ sein. Jeff Zucker ist ein kreativer Fernsehmanager. Derek Jeter ist ein kreativer Baseballspieler. Wenn sie ihre Jobs tauschten, wären sie auf dem Gebiet des anderen wohl nicht so kreativ.

4. Loyalität und Vertrauenswürdigkeit. Diese Eigenschaften sind unabdingbar. Im Gegensatz zu Kreativität und Verstand kann diese Eigenschaften jeder besitzen. Wenn Sie also nicht loyal und vertrauenswürdig sind, dann liegt es allein an Ihnen.

Nehmen wir an, Sie werden aus den Hunderttausenden Bewerbern ausgewählt. Sie sind tatsächlich der Gewinner. Dann sind sie für 15 Minuten berühmt (vielleicht auch für längere Zeit) und bekommen einen Job in der Trump Organization mit einem Jahresgehalt von 250 000 Dollar.

Und was dann?

Ich habe diesem Buch den Titel *Wie man reich wird* gegeben, denn genau das ist meist das Erste, was die Leute von mir wissen wollen. Nach der Lektüre dieser Seiten haben Sie hoffentlich ein Gespür dafür entwickelt, was man braucht und wie man leben sollte, wenn man es mit hoher Wahrscheinlichkeit zu einem großen Vermögen bringen will. Mit Glück allein wird man nicht reich, wenn man nicht gerade in der Lotterie gewinnt oder in einem meiner Spielcasinos eine Glückssträhne hat. Man muss dafür arbeiten, und ich habe Ihnen zu zeigen versucht, wie man arbeiten muss.

Meine idealen Ziele sind Erfolge, die eine Bedeutung haben. Das ist mehr wert als Geld. Es ist schön, Geld zu bekommen; meist ist es sogar absolut notwendig und zudem ein guter Erfolgsindikator, aber Geld ist nicht alles. Ich habe *The Apprentice* nicht des Geldes wegen gemacht, obwohl die Show sehr profitabel war.

Es ist ein gutes Gefühl, eine Position zu haben, in der man etwas bewirken kann. Das meine ich mit „Erfolgen, die eine Bedeutung haben".

Ich hoffe, Sie werden reich. Und außerdem hoffe ich, dass Sie Ihr Talent darauf verwenden, in Ihrer unmittelbaren Umgebung etwas zum Besseren zu verändern.

Das ist Ihr Auftrag, in welchem Job Sie auch tätig sind.

Fangen Sie gleich damit an.

Sie sind eingestellt.

Danksagungen

Meredith McIver ist eine Autorin mit vielen Talenten, und ohne sie wäre dieses Buch nicht geschrieben worden. Nach ihrer Ausbildung beim New York City Ballet arbeitete sie an der Wall Street und ist nun seit zwei Jahren für die Trump Organization tätig. Ihr Schreibtisch steht gleich neben meinem Büro. Wie Sie wissen, steht meine Tür immer offen. Darum hat Meredith alles gehört und sich gute Notizen gemacht. Sie hat mir sehr dabei geholfen, meine Gedanken und Erfahrungen zu Papier zu bringen, und ich bin ihr für diese hervorragende Arbeit äußerst dankbar.

In meinem Büro passiert wenig ohne Norma Foerderer. Sie koordiniert meinen Terminkalender und hat sich große Verdienste dabei erworben, dieses Buchprojekt zu verwirklichen, vor allem bei der Zusammenstellung der Fotos.

Ich möchte auch meinem Verleger Jonathan Karp von Random House danken, der mich gebeten hat, dieses Buch zu schreiben. Ich traf John zum ersten Mal im Jahr 1997, als er gerade *The Art of the Comeback* veröffentlichte. Er hat viel Zeit in meinem Büro verbracht. Eines Tages bemerkte ich, dass er auf den Teppich unter meinem Schreibtisch starrte. Schließlich sagte er: „Donald, was ist mit der Heizung los?"

Ich sagte ihm, meine Füße fühlten sich sonst kalt an.

John meinte: „Wir sind im *Trump Tower*. Das ist *dein* Gebäude. Kannst du da nichts unternehmen?"

Es ist wichtig, dass ein Verleger unangenehme Fragen stellt.

Bei der Trump Organization bin ich von erstklassigen Mitarbeitern umgeben: Matthew Calamari, Allen Weisselberg, George Ross, Bernie Diamond,

Jason Greenblatt, Rhona Graff, Tony Morace, Andy Weiss, Don Jr., Jeff, Eric, und vielen anderen.

Meredith McIver möchte Mark Burnett, Richard Casares, Steve Palitz, der Familie Bosworth, George Balanchine, Alain Bernardin, Christophe d'Astier, Peter Irigoin und Richard Irigoin danken. An meine Familie: Ihr seid die Besten. An alle Mitarbeiter der Trump Organization: Es ist eine Ehre, mit euch zu arbeiten. Mein spezieller Dank für ihre Unterstützung gilt meinen Bürokolleginnen Rhona Graff und Robin Himmler. An Mr. Trump und Norma Foerderer: Danke dafür, dass Sie jeden Tag zu einem Abenteuer werden lassen. Mr. Trump, Sie sind der Wunschtraum jedes Autors. Die Ideen werden mir nie ausgehen. Vielen herzlichen Dank.

Anhang

DIE IMMOBILIEN DER TRUMP ORGANIZATION

New York, New York

Trump Tower

Das berühmteste neuere Gebäude der Stadt liegt unter den meistbesuchten Attraktionen New Yorks an dritter Stelle (mehr als 2,5 Millionen Besucher pro Jahr). Das 68 Stockwerke umfassende Gebäude mit seinen Fassaden aus Glas und poliertem Messing befindet sich an der Ecke Fifth Avenue und 56. Straße. Es wurde 1983 von dem berühmten Architekten Der Scutt gebaut und gehört zu den höchsten Wohngebäuden und Betonstrukturen in Manhattan. Es umfasst außerdem etwa 16 000 Quadratmeter Büro- und 13 000 Quadratmeter Ladenfläche. Es ist ein Geschäftszentrum, ein Mekka für Stil und Mode sowie luxuriöser Wohnraum für einige der berühmtesten und einflussreichsten Persönlichkeiten der Gesellschaft.

Trump Place (Riverside South)

Als Herzstück von Donald Trumps Immobilienimperium ist Trump Place ein fast 37 Hektar großes Grundstück am Hudson River. Trump Place verspricht das Aufsehen erregendste Immobilienprojekt seit der Jahrhundertwende zu werden. Im Juni 1994 hat Mr. Trump ein Joint Venture mit vier der größten Bauherren Hongkongs geschlossen, die 2,5 Milliarden Dollar in die Verwirklichung dieses Projekts investiert haben. Die ersten fünf Gebäude sind bereits fertig, ein sechstes befindet sich im Bau. Das Gesamtpro-

Der Trump Tower kurz
nach dem 11. September 2001

Der Trump Tower im Februar 2004

Modell des Trump Place nach der Fertigstellung

Grundsteinlegung am Trump Place

Mit Bauarbeitern am Trump Place

Trump International Hotel and Tower

jekt umfasst 16 Gebäude mit 5700 Wohneinheiten und mehr als 200 000 Quadratmetern Büro- und Ladenfläche. Der Bau eines zehn Hektar großen öffentlichen Parks, der wunderschön am Flussufer gelegen ist, hat ebenfalls enorm zur Aufwertung dieses Geländes beigetragen, denn er bietet Fahrradwege, die Battery Park in Lower Manhattan mit Upper Manhattan verbinden.

Trump International Hotel and Tower

Dieses 52 Stockwerke hohe Gebäude umfasst ein Hotel der obersten Luxusklasse, einen Wohnturm und ein weltberühmtes Restaurant (Jean-Georges). Es liegt an der Kreuzung zwischen Manhattans West Side am Central Park und dem Columbus Circle und wurde von dem berühmten Architekten Philip Johnson 1997 fertig gestellt. Trump International hat bis heute sämtliche Rekorde gebrochen. Das Gebäude wurde zu einem der erfolgreichsten je in den USA gebauten Wohntürme und war das erste Hotel in Verbindung mit einer Wohnanlage. Schon im ersten Jahr nach der Eröffnung wurde es mit dem prestigeträchtigen Mobil Five Star Award ausgezeichnet.

Trump Parc

Trump Parc ist eine elegante Wohnanlage am Südrand des Central Park, die seit der Fertigstellung 1988 ausgebucht ist. Die 347 Wohneinheiten bieten einen grandiosen Ausblick über Manhattans Skyline von einem Fluss bis zum anderen und einen herrlichen, unverbauten Blick auf den Central Park.

Trump Parc Avenue

Im Jahr 2002 kaufte Mr. Trump das berühmte Delmonico Hotel an der Ecke 59. Straße und Park Avenue. Es wird derzeit in Zusammenarbeit mit General Electric zu einer Wohnanlage der obersten Luxusklasse umgebaut.

Trump Plaza

Diese 1984 fertig gestellte luxuriöse Anlage an der Upper East Side umfasst 175 Mietwohnungen, zahlreiche Boutiquen und Eigentumswohnungen, die alle über eine eigene Terrasse verfügen.

Der Trump World Tower an der United Nations Plaza

Trump Park Avenue an der Ecke 59. Straße und Park Avenue

Trump Palace

Dieses 1991 fertig gestellte Wohngebäude mit 283 Einheiten und einer majestätischen Fassade umfasst einen ganzen Block der Third Avenue an der Upper East Side in Manhattan. Es ist berühmt für seine beleuchete Turmspitze und ein unverwechselbarer Bestandteil der New Yorker Skyline.

Park Avenue 610

In Zusammenarbeit mit Colony Capital hat die Trump Organization das frühere Mayfair Hotel zu einem Luxuswohngebäude umgebaut. Es liegt an der prestigeträchtigsten Straße von New York und bietet seinen Bewohnern größtmöglichen Service. Es enthält auch das berühmte Vier-Sterne-Restaurant Daniel. Die Bewohner genießen zudem den Vorteil, dass die exklusivsten Läden, Restaurants und Museen der Welt in unmittelbarer Nähe liegen.

Trump World Tower

Das mit 90 Stockwerken höchste Wohngebäude der Welt hat eine einzigartige Lage gegenüber dem Hauptquartier der Vereinten Nationen. Abgesehen von der Lage und dem eindrucksvollen Ausblick über die Stadt: Das Gebäude beherbergt 376 Wohneinheiten, einen luxuriösen Erholungs- und Fitnessbereich, eine Cocktailbar der Weltklasse und in naher Zukunft auch ein erstklassiges Restaurant. Der Trump World Tower wurde 2003 von der International Real Estate Federation als bestes Wohngebäude der Welt ausgezeichnet.

Trump Building, Wall Street 40

Das Trump Building steht stolz inmitten des New Yorker Finanzviertels, ganz in der Nähe der New Yorker Börse. Ursprünglich im Jahr 1930 erbaut, umfasst das Gebäude 72 Stockwerke und bietet eine riesige Innenfläche von etwa 120000 Quadratmetern. Nach dem Kauf durch Mr. Trump wurde es restauriert und hat die Erhabenheit und den Glanz früherer Zeiten zurückgewonnen.

Die Trump-Shows

In Partnerschaft mit dem Sender NBC hat Mr. Trump das Eigentum und die Senderechte an den drei größten Schönheitswettbewerben der Welt erworben.

Dabei handelt es sich um die Wahlen zur Miss Universum, zur Miss USA und zur Miss Teen USA.

Trump Model Management

Trump Model Management ist eine Model- und Talentagentur, die von Mr. Trump aufgebaut wurde. Sie wird von den besten Kräften der Branche gemanagt und repräsentiert einige der schönsten Gesichter und größten Talente der Welt. Sie gehört zu den zehn besten Model-Agenturen in Manhattan.

Die Wollman-Eislaufbahn

Mitten im Central Park, mit einem unvergleichlichen Blick auf die New Yorker Skyline, liegt diese von der Trump Organization betriebene Eislaufbahn der Weltklasse, die zudem auch weltberühmt ist.

BEDFORD, NEW YORK

Seven Springs

Dieser luxuriöse, 86 Hektar umfassende Besitz war früher der Wohnsitz von Katharine Graham, der Herausgeberin der *Washington Post.* Das wundervolle Landhaus im georgianischen Stil mit einer Wohnfläche von nahezu 4000 Quadratmetern wurde 1917 vom berühmten Architekten Charles Platt entworfen. Außerdem umfasst der Besitz noch ein kleineres Haus, das *Nonesuch* heißt, zwei kleine Landhäuser, eine Garage für zehn Autos, ein Treibhaus und einige Scheunen. Mr. Trump arbeitet mit einem Team internationaler Spezialisten gerade daran, auf diesem herrlichen Besitz einen Golfplatz der Weltklasse, ein Clubhaus und einen Erholungsbereich zu errichten.

BRIARCLIFF MANOR, NEW YORK

Trump National Golf Club

Eingebettet zwischen den Hügeln und Tälern des wundeschönen Westchester County ist der Trump National Golf Club ein Club der Extraklasse. Der Platz hat eine Länge von knapp 2,2 Kilometern (Par 72) und wurde von Jim Fazio konzipiert, der zu den weltweit führenden Golfplatzarchitekten gehört. Derzeit werden auf dem 83 Hektar großen Gelände 87 Luxus-Golfvillen und andere Wohngebäude erstellt.

BEDMINSTER, NEW JERSEY

Trump National Golf Club, Bedminster

Im Jahr 2002 kaufte Mr. Trump die Lamington Farm im Herzen des Pferdelandes von New Jersey, die früher dem Automobilkonstrukteur John DeLorean gehört hatte. Derzeit werden dort ein von Tom Fazio entworfener Weltklasse-Golfplatz und 15 Wohnhäuser der Luxusklasse gebaut. Die weiteren Pläne für dieses wunderschöne, 210 Hektar große Gelände umfassen einen Swimmingpool, Tennisplätze und den Umbau des Hauptgebäudes – im georgianischen Stil und mit einer Fläche von knapp 2000 Quadratmetern – in ein spektakuläres Clubhaus.

LOS ANGELES, KALIFORNIEN

Trump National Golf Club, Los Angeles

Im Jahr 2002 kaufte Mr. Trump auch den Ocean Trails Golf Course, ein prächtiges Gelände, das sich über fast zwei Meilen am Strand des Pazifiks erstreckt. Nach einem Entwurf des legendären Golfplatzarchitekten Pete Dye wird das Gelände derzeit von Mr. Trump neu gestaltet und auf das Weltklasse-Niveau seiner anderen Golfplätze gebracht. Auf dem 120 Hektar großen Gelände werden auch etliche Luxuswohnungen entstehen.

MIAMI BEACH, FLORIDA

Trump Grande Ocean Resort and Residences

Zusammen mit Dezer Properties baut Mr. Trump eine Wohnanlage am Atlantik zwischen Bal Harbour und Aventura. Nach der Fertigstellung wird dieses Projekt drei Gebäude auf einer Fläche von 4,4 Hektar und eine ununterbrochene Strandlinie von mehr als 300 Metern Länge umfassen. Das Trump International Beach Resort wurde im April 2003 fertig gestellt. Es enthält 372 Hotelzimmer und -suiten, Ballsäle, ein hoch modernes Geschäftszentrum und fast 2000 Quadratmeter Konferenzräume. Derzeit im Bau befindet sich der 55-stöckige Trump Palace, ein Wohnturm mit 267 Einheiten. Der Baubeginn des dritten Wohngebäudes mit dem Namen Trump Royale ist für den Herbst 2004 geplant. Diese Gebäude sind die höchsten Wohntürme im Süden Floridas.

ATLANTIC CITY, NEW JERSEY

Trump Taj Mahal Casino Resort

Das Taj Mahal ist das luxuriöseste je gebaute Casino-Hotel und das bedeutendste Spielcasino in Atlantic City. Es wurde am 2. April 1990 eröffnet und mit dem Mobil Five Star Award sowie mit dem AAA Five Diamond Award ausgezeichnet. Das Spielcasino hat eine Fläche von etwa 12 000 Quadratmetern und ist damit das größte Casino in Atlantic City. Außerdem gibt es dort 1250 Hotelzimmer, darunter 237 exotische Suiten, elf Restaurants, sechs Bars, 14 000 Quadratmeter Konferenzräume und die Mark G. Etess Arena, die 6000 Quadratmeter groß ist und 6000 Zuschauern Platz bietet.

Trump Plaza Hotel and Casino

Donald Trumps erster Vorstoß in die Casino-Branche. Das Trump Plaza, mit fünf Sternen und fünf Diamanten ausgezeichnet, liegt am berühmten Boardwalk in Atlantic City, neben dem Convention Center. Dieses 31-stöckige Luxusgebäude umfasst 557 Zimmer, ein Casino mit einer Fläche von fast 6000 Quadratmetern, elf Restaurants, vier Bars und das Cabaret Theatre mit 750 Sitzplätzen. Das Gebäude ist weltberühmt und bevorzugter Austragungsort von Großereignissen wie der Boxweltmeisterschaft im Schwergewicht.

Trump Marina

Die frisch renovierte Trump Marina, früher als Trump's Castle bekannt, liegt an der schönen Marina-Wasserstraße in Atlantic City. Es ist ein von Mobil mit

Der Mar-a-Lago Club in Palm Beach, Florida

vier Sternen ausgezeichnetes Casino-Hotel. Das 26-stöckige Hotel hat 725 Zimmer, während die der Öffentlichkeit zugängliche Hauptfläche mit mehr als 5000 Quadratmetern Platz für Veranstaltungen und Ausstellungen bietet. Außerdem gibt es dort neun Restaurants, zwei Bars und ein Casino mit einer Fläche von knapp 7000 Quadratmetern.

BUFFINGTON, INDIANA

Trump Casino

Diese elegante Casino-Yacht wurde im Juni 1996 eröffnet und liegt in Buffington Harbor in Indiana vor Anker, ganz in der Nähe von Chicago. Donald Trumps erstes Casino außerhalb von Atlantic City ist mit einer Länge von 87 Metern und einer Breite von 22 Metern das größte Flußboot der Welt.

PALM SPRINGS, KALIFORNIEN

Trump 29 Casino

2002 traf Mr. Trump mit den Indianern der Luiseno Mission eine Vereinbarung über das Management des Trump 29 Casinos, seines ersten Spielcasinos an der Westküste.

PALM BEACH, FLORIDA

Mar-a-Lago Club

Dieser berühmte, am Meer gelegene Besitz mit einer Fläche von acht Hektar, der früher Marjorie Merriweather und E. F. Hutton gehört hatte, wurde 1985 von Donald Trump erworben. Entworfen vom berühmten Wiener Architekten Joseph Urban, wurde Mar-a-Lago vom National Trust for Historic Preservation 1972 als nationales Kulturgut ausgezeichnet. Mar-a-Lago ist bis heute der einzige Gebäudekomplex in Florida, dem diese Ehrung zuteil geworden ist. 1995 baute Mr. Trump den Besitz in einen Privatclub der Ultra-Luxusklasse um. Der Club bietet einen Erholungs- und Fitnessbereich, erstklassige Restaurants, Tennisplätze, Swimmingpools und einen Privatstrand. Der Club ist auch ein beliebter Treffpunkt für führende Persönlichkeiten aus der Politik und der Finanzwelt, für Geschäftsleute und Künstler. 2003 wurde Mar-a-Lago von der American Academy of Hospitality Sciences als „bester Privatclub der Welt" ausgezeichnet.

Trump International Golf Club

Die vom angesehenen Golfplatzarchitekten Jim Fazio konzipierte Anlage wurde im November 1999 eröffnet. Schon jetzt gehört sie zu den besten Golfanlagen weltweit, mit Wasserfällen und einer in Florida einzigartigen Landschaftsgestaltung. Im Jahr 2002 wurde sie mit dem Five Star Diamond Award ausgezeichnet, „für das Erreichen der höchsten Standards des besten Golfplatzes in Florida". Auch ein spektakuläres Clubhaus mit einer Fläche von 5000 Quadratmetern wurde dort gebaut, das sich an den Stil des Mar-a-Lago Club anlehnt.

CHICAGO, ILLINOIS

Trump International Hotel and Tower, Chicago

Mr. Trump vereinbarte ein Joint Venture mit Hollinger International, dem Eigentümer der Zeitung *Chicago Sun-Times*, um auf dem Gelände des ehemaligen *Sun-Times*-Gebäudes am Chicago River ein Wohn- und Hotelgebäude der Luxusklasse zu errichten. Der 90-stöckige Wolkenkratzer mit Glasfassaden ist vom weltberühmten Architekturbüro Skidmore Owings and Merrill (SOM) entworfen worden. Das Gebäude wird eine Gesamtfläche von etwa 200 000 Quadratmetern haben, mit 470 Wohnungen, 200 Hotelzimmern 12 000 Quadratmetern Ladenfläche, mehr als 1000 Parkplätzen, außerdem Läden und Restaurants sowie einen sich über drei Etagen erstreckenden Fußweg entlang des Chicago River. Der Vertrieb der Wohnungen und Hotelzimmer hat im September 2003 begonnen. Die Fertigstellung ist für 2007 geplant. Dann wird Trump International Hotel and Tower der vierthöchste Wolkenkratzer in Chicago und eines der luxuriösesten Gebäude der Welt sein.

TRUMP-IMMOBILIEN IM AUSLAND

Trump World I, II und III, Seoul, Südkorea

Mr. Trump und seine koreanischen Partner haben im Herzen von Seoul drei Wohngebäude der absoluten Luxusklasse erstellt, die hinsichtlich Bauausführung, Annehmlichkeiten und Service den höchsten Ansprüchen genügen. Derzeit bauen Mr. Trump und seine Partner einen aus vier Gebäuden bestehenden Komplex in der südkoreanischen Stadt Busan, der als Trump World Centrum bekannt ist und mehr als 500 Wohneinheiten umfassen wird.

Trump Island Villas auf Canouan Island, Grenadinen

Canouan Island liegt in der Nähe der renommierten Urlaubsinsel Mustique. Die Trump Organization hat sich mit einem italienischen Finanzier, mit der Hotelgruppe Raffles, American Airlines und Moorings Yacht Charters zusammengetan, um auf dieser Insel in der Karibik auf einer Fläche von 480 Hektar einen Club der Luxusklasse und etliche Wohngebäude zu erstellen. Die Anlage wurde im Juni 2004 eröffnet und bietet unter anderem auch einen Trump International Golf Club. Nach Beendigung aller Arbeiten wird es auf der Insel 135 Villen geben.

GEPLANTE PROJEKTE

Trump International Hotel and Tower, Phoenix

Dieses aus zwei Gebäuden bestehende Projekt an der East Camelback Road zwischen Phoenix und Scottsdale (gegenüber dem berühmten Biltmore Hotel and Resort) wird ein Hotel und Wohneinheiten umfassen. Weil es in der Nähe der teuersten Bürogegend der Stadt liegt, wird das Projekt vielleicht auch kleinere Laden- und Büroeinheiten beinhalten. Die Pläne und die Flächengrößen der einzelnen Einheiten werden derzeit festgelegt. Der Verkauf der Einheiten soll im dritten Quartal 2004 beginnen.

Trump International Beach Club, Fort Lauderdale

Dieses superexklusive Trump-Hotel wird auf halben Wege zwischen dem schicken South Beach und dem legendären Palm Beach liegen. Die Entwürfe und die Flächengrößen der einzelnen Komponenten werden noch festgelegt. Der Verkauf soll planmäßig im zweiten Quartal 2004 beginnen.

Villa Trump International Golf Club, Itatiba, Brasilien

Die Anlage liegt ganz in der Nähe von Sao Paulo. Sie umfasst 150 Golfvillen, einen von Jack Nicklaus entworfenen Golfplatz mit 27 Löchern, ein Cipriani-Hotel, zwölf Tennisplätze, 350 Wohneinheiten, eine Jack-Nicklaus-Golfakademie, ein Clubhaus und ein Veranstaltungszentrum. Das Gelände hat eine Ausdehnung von 660 Hektar, von denen gut 300 derzeit noch brachliegen.

Hinter den Kulissen der Trump Organization

Die Autoren

DONALD J. TRUMP ist die Verkörperung der amerikanischen Erfolgsstory. Er setzt ständig neue Qualitätsmaßstäbe in den Bereichen Immobilien, Glücksspiel, Sport und Unterhaltung. 2003 schloss er sich mit dem Sender NBC und dem Produzenten Mark Burnett zur Produktion der Reality Show *The Apprentice* zusammen, die ein Riesenerfolg wurde und die höchsten Einschaltquoten aller neu produzierten Sendungen der Saison erreichte. Donald Trump und NBC teilen sich auch die Rechte für die drei größten Schönheitswettbewerbe der Welt.

In New York City gilt das Trump-Zeichen als Synonym für die prestigeträchtigsten Adressen. Dazu zählen der berühmte Trump Tower, Trump International Hotel and Tower und Trump Park Avenue. In der Glücksspielbranche zählt die Trump Organization zu den weltweit bedeutendsten Betreibern von Hotels und Casinos, vor allem in Atlantic City, New Jersey. Zudem besitzt Donald J. Trump den Trump National Golf Club in Briarcliff Manor, New Jersey, und andere großartige Golfanlagen in verschiedenen Staaten der USA.

Donald J. Trump hat die Bestsellerliste der *New York Times* mit seinem Büchern *The Art of the Deal, Surviving at the Top, The Art of the Comeback* und *The America We Deserve* angeführt. Die Gesamtauflage seiner Bücher geht in die Millionen.

Als überzeugter Menschenfreund engagiert sich Mr. Trump für zahlreiche wohltätige Organisationen. Im Juni 2000 wurde ihm die höchste Ehrung zuteil: Die UJA Federation zeichnete ihn mit dem *Hotel and Real Estate Visionary of the Century Award* aus.

Mehr Informationen über Donald Trump und die Trump Organization finden Sie im Internet unter *www. trumponline.com.*

MEREDITH MCIVER war Stipendiatin der Ford Foundation und hat ein Diplom der University of Utah. Sie wohnt in Manhattan und arbeitet für die Trump Organization.